RAFAEL BRITO

Miguel
O guardião do lugar secreto

ANGELVS
EDITORA

```
Dados Internacionais de Catalogação na Publicação (CIP)
       (Câmara Brasileira do Livro, SP, Brasil)

Brito, Rafael
   Miguel, o guardião do lugar secreto /
Rafael Brito. -- 1. ed. -- São Paulo :
Angelus Editora, 2022.

   Bibliografia.
   ISBN 978-65-89083-29-0

   1. Anjos - Cristianismo 2. Arcanjos 3. Céu -
Cristianismo 4. Devoção a Deus 5. Miguel (Arcanjo)
6. Reino de Deus I. Título.

22-135459                                    CDD-235.3
```

Índices para catálogo sistemático:

1. Miguel Arcanjo : Santos anjos celestiais :
      Cristianismo   235.3

Aline Graziele Benitez - Bibliotecária - CRB-1/3129

7ª EDIÇÃO

Miguel, o guardião do lugar secreto
Copyright 2022 © Angelus Editora

Direção Editorial:
Maristela Ciarrocchi

Revisão:
Tatiana Rosa Nogueira Dias

Capa e Diagramação:
Raquel Lopes e Maitê Ferreira

Fotos:
Adobe Stock, Dreamstime, Google Imagens

ISBN: 978-65-89083-29-0

Ao querido Monsenhor Jonas Abib, fundador da Comunidade Canção Nova, por todo seu carinho e amor para comigo e por me incentivar e encorajar a escrever esta obra.

SUMÁRIO

PREFÁCIO   11

PRÓLOGO   17

CAPÍTULO I
O AMOR DE DEUS   20

CAPÍTULO II
QUANDO TUDO PARECIA PERDIDO, ELE SE LEVANTOU   32
     O pecado de Lúcifer e seus anjos!   36
     O plano maligno da destruição dos anjos e dos homens   42

CAPÍTULO III
A GRANDE BATALHA   50
     Os Anjos de São Miguel   51
     Quem Como Deus?   52
     O nome Miguel é um código de adoração   56
     Um brado de louvor e pedido de socorro!   60

Miguel decidiu habitar no lugar Secreto 63
O Arcanjo Miguel é habitado pela Luz de Deus 74
Pleno do Espírito Santo de Deus 76
Miguel e a Virgem Maria 80

CAPÍTULO IV
O ARCANJO MIGUEL NAS SAGRADAS ESCRITURAS 96
O encontro de dois príncipes guerreiros! 97
Miguel contra os Exércitos do Faraó 105
Um brado que derruba muralhas 110
Intercessor e defensor incansável 120

CAPÍTULO V
AS PODEROSAS ARMAS DE SÃO MIGUEL ARCANJO 128
Miguel: revestido do poder de Deus 129
O Arcanjo guerreiro é reflexo da glória e força de Deus 132
A Armadura do Arcanjo 140
Cinturão da Verdade 143
A Couraça da Justiça 144
Os calçados do anúncio do evangelho da paz 146
Escudo da fé 148
Capacete da salvação 152
A poderosa espada de São Miguel 154

CAPÍTULO VI
O ARCANJO MIGUEL NA TRADIÇÃO JUDAICA E CRISTÃ   **166**
   Príncipe e defensor de Israel   167
   Miguel, Anjo da misericórdia e compaixão   174
   Protetor das Almas e companheiro na hora da morte   181

CAPÍTULO VII
UM SERAFIM DE FOGO: O VERDADEIRO LUGAR DE MIGUEL ENTRE OS ANJOS   **192**
   Redução exegética para simples Arcanjo   193
   O primeiro entre todos os anjos   198
   Sumo sacerdote entre os anjos   203
   Um Serafim Adorador e abrasado de amor por Deus   206

CONCLUSÃO   **214**

BIBLIOGRAFIA   **217**

PREFÁCIO

Intimidade e Adoração

"Aproximemos-nos então, seguros e confiantes, do trono da graça, para conseguirmos misericórdia e alcançarmos a graça do auxílio no momento oportuno" (Hb 4, 16).

A intensidade e potência do versículo acima nos emociona. São daqueles pequenos trechos bíblicos carregados com poder de condensar uma vivência inteira. No meu caso, particularmente, sintetiza minha experiência com os anjos, e mormente com Miguel Arcanjo. Temos acima aquilo que na essência os anjos nos apontam, ou seja, somos destinados a uma profunda intimidade com Deus, onde, em adoração constante, nos abandonamos, confiantes de alcançarmos misericórdia e salvação.

Minha experiência com os anjos remete às doces memórias da infância feliz no interior de Minas, passa pela benção de pai e mãe que sempre nos colocava debaixo da proteção dos Anjos da Guarda, até amadurecer nos momentos limites da vida, quando na doença, visitado por Rafael, senti o cuidado e a cura que vem de Deus, desembocando na mais genuína constatação antropológica: somos muito mais do que nossos olhos podem ver!

Ligado de modo especial a Miguel Arcanjo, o encontro no cotidiano da missão e da vida da Comunidade Bethânia, nos impelindo a colocar Deus em primeiro lugar e como referência última de tudo o que somos e temos. Miguel nos convoca em Bethânia à adoração, ao abandono e à necessidade cabal de viver só e somente da Providência de Deus, confiando e entregando tudo, afinal, Quem como Deus? Desse direcionamento maior nasceram a missa votiva a São Miguel, toda terceira quinta-feira do mês em Bethânia, e além disso, um Terço do Abandono onde proclamamos juntos uma vitória: Quem como Deus? Sim! Acima de Deus não há nada e nem ninguém!

Assim, acredito piamente que meu encontro com o amigo Rafael Brito, não pode ser creditado ao acaso. Tem sim a indicação dos anjos apontando para a vontade de Deus, e a intercessão jocosa e alegre do Servo de Deus Pe. Léo de Bethânia. Há traços de Céu na beleza deste encontro. São tantas as aproximações, partilhas e sinais a nos alinhar na direção de algo maior, que temos a impressão de nos conhecermos a muito tempo. Não tenho dúvidas, de que a eternidade anulou as fronteiras do tempo, e nos conectou com marcas de divino. Deus e seus propósitos transportados nas asas dos anjos, eis o que nos une.

Imagine, caro leitor, a alegria deste coração de padre, quando o autor me convidou para prefaciar esta preciosa obra com contornos de ineditismo nas prateleiras católicas do Brasil. O Dr. Rafael Brito já havia nos presenteado com duas obras anteriores sobre os anjos, leituras obrigatórias, para aprofundar o tema da angeologia em nossos dias. Mas confesso, que Miguel – O Guardião do Lugar Secreto, ressoou profunda e revigorante sobre mim, e fará o mesmo com você.

Trata-se de uma abordagem necessária sobre o sentido maior e significado de São Miguel Arcanjo na Sagrada Escritura, Tradição e Doutrina Católica tão urgentes para o nosso tempo. Sabemos o quanto cresceu e se difundiu a devoção a São Miguel. Felizmente são inúmeras as iniciativas nesta direção. Contudo, percebe-se, de forma alguma por má-fé, uma certa carência doutrinal relativa aos anjos em geral, e, de modo particular em relação a Miguel Arcanjo, sublinhando por demais em seus aspectos funcionais e atributos de batalha, em detrimento a uma visão mais alargada do Mistério, enquanto expressão do Amor de Deus e convite inconteste à adoração e primazia de Deus em nossas vidas.

O autor nos provoca a ampliar a visão sobre Miguel, abrindo o livro abordando o Amor de Deus como fonte e razão de tudo, que transbordou na criação dos anjos e dos homens. Amor, sempre amor, ecoa como resposta a todas as indagações no Céu e na Terra.

A partir daí o cenário se desenrola perscrutando os caminhos da nossa salvação, através de um estudo minucioso sobre Miguel, visitado em suas raízes bíblicas, tanto na tradição católica, como também na tradição judaica. Temas relativos a queda de Lúcifer e seus anjos, o levantar-se de Miguel e a grande batalha, Miguel como código de adoração, brado de louvor e pedido de socorro, são desenvolvidos na sequência de forma perspicaz. A mesma preocupação encontramos nos demais capítulos, em que vamos aprofundando a figura de Miguel, até contemplá-lo como o grande guardião do lugar secreto, onde o Mistério se manifesta em Amor incondicional de misericórdia, compaixão e salvação plena. Os capítulos, didaticamente organizados, paulatinamente nos revelam o Arcanjo Miguel como o grande apaixonado por Deus, e que por amor nos acompanha e auxilia nas múltiplas batalhas do aqui e agora, até que possamos estar diante do trono, em constante adoração, bradando em plena vivência da fé: *Quem como Deus?* Eis o grande embate de Miguel e seus Anjos até que possamos tocar o Céu.

  Me contive, caro leitor, para não antecipar demais, e assim, permitir que você possa se deleitar com estas páginas, tanto quanto eu as saboreei. Pude me surpreender a cada capítulo, por isso, sublinho novamente que elas se revestem de um certo ineditismo na medida em que a maioria das publicações sobre o Arcanjo São Miguel se concentram, em sua maioria, apenas sobre um aspecto funcional, importante, mas não único, do Guerreiro contra as ciladas do demônio. Miguel é maior!

Desejo que você leitor, possa experienciar Miguel e seus Anjos em toda sua amplitude. Que se estabeleça em sua vida, a força do versículo da Carta aos Hebreus que abre este prefácio. Que os anjos ajudem você a se aproximar do Trono da Graça, e cheio de confiança, você perceba Deus que vem ao seu encontro através de mensageiros, propiciando misericórdia e auxílio no tempo oportuno. Lembre-se: você é muito mais do que seus olhos podem ver!

Ao amigo e irmão Rafael Brito, o agradecimento sincero pelo convite para prefaciar esta obra tão significativa, diante de tantas outras possibilidades e competências. Colocarei na conta da amizade que entre nós tem contornos angelicais, na certeza de que o Céu nos aproximou. Desejo de coração, que o Servo de Deus Pe. Léo de Bethânia, que antes de partir nos convidou a sempre buscar as Coisas do Alto, interceda por você Rafael, sua família linda, e por todos aqueles que como eu, farão uma experiência extremamente prazerosa com os Anjos de Deus, a partir desta leitura.

Abraço e benção,

Pe. Vicente de Paula Neto, bth.
Comunidade Bethânia

PRÓLOGO

A figura de um Arcanjo alado, forte com a espada desembainhada na mão pisando e vencendo Satanás, é a imagem que mais conhecemos sobre o poderoso Miguel. Todavia ao longo dos séculos Ele, em sua grandeza e humildade, foi reduzido simplesmente à sua função de guerreiro e protetor.

Sempre me perguntei se era somente isso que o Príncipe dos Anjos representava. Ao longo de minha vida, quando estudava as Sagradas Escrituras sempre vi algo a mais a seu respeito. No terceiro livro da trilogia dos anjos, desejei dedicar estas páginas a ele.

Sua vida e exemplo de amor a Deus e a nós, e seu modo de se comportar em tempos de tribulações, me fez querer buscar na tradição judaico-cristã, na teologia, bem como na doutrina da Igreja, a sua real face e sua verdadeira identidade.

Ao longo deste livro você descobrirá coisas profundas sobre este ser apaixonado por Deus que enfrentou tudo e todos para reordenar em sua vida, e de seus irmãos, o real sentido da existência que é aquele de ser todo de Deus.

Verás que o aspecto guerreiro deste Arcanjo é muito mais amplo do que se imagina. Amado da casa do Senhor ele tem acesso ao trono e a presença do Todo-Poderoso. Dos mais altos céus, Miguel olha para você e enxerga a imagem e semelhança de Deus. Ele é teu irmão e deseja entrar em relação profunda contigo.

Prepare-se para conhecer o mistério escondido por detrás das cortinas da existência. Descubra que neste mundo, ainda que passes por vales e montanhas, existe alguém que intercederá contigo junto com o teu Anjo da Guarda e com todos os outros irmãos celestiais.

Miguel te fará entrar no lugar em que ele habita e vive: no lugar secreto da sala do trono do Todo-Poderoso!

Rafael Brito

CAPÍTULO I

O AMOR DE DEUS

O Amor nos leva a enfrentar tudo e a todos para defender a quem amamos. Ele é o motivo e a causa primeira que nos impulsiona a enfrentar qualquer acontecimento para proteger e defender a quem é precioso ao nosso coração. Isto acontece quando o se doar diante das vicissitudes da existência, se torna o combustível que nos impele a nos tornar um dom precioso para o próximo.

Somente o Amor é capaz de nos fazer aventurar em terras desconhecidas e em águas tortuosas para buscar e resgatar aqueles que apreciamos. Como uma chama que arde no íntimo do ser, e que não é vista aos olhos. Esta queima sem consumir (Ex 3, 2), e sua luz ilumina as trevas sombrias do coração daquele que dele se aproxima.

Deus é Amor! Ele se manifestou a nós através do seu único Filho que consumindo si mesmo, se entregou até as últimas consequências, enfrentado o maior de todos os inimigos do gênero humano: a Morte. Ressuscitando, devolveu a vida perdida e as portas do Paraíso se abriram diante Dele e dos nossos olhos.

Assim sendo, o acesso ao lugar secreto da intimidade e adoração, isto é, o Paraíso perdido, foi reabilitado para os descendentes de Adão. Sim, reabilitada, porque um dia foi rompida. A doutrina cristã nos ensina que a primeira consequência do pecado é a perda da comunhão do homem para com o seu

Criador e, consequentemente, para com os seres espirituais fieés a Ele, os santos anjos[1].

Os santos anjos de Deus são seres espirituais pessoais. São singulares e não foram criados no "atacado" como muitas vezes podemos pensar. A cada um, individualmente, singularmente e pessoalmente, o Criador deu total atenção e manifestou seu amor em chamar a existência a cada Ser celestial.

Sendo assim, a nossa concepção da própria realidade da criação dos santos anjos toma um outro rumo, entendendo que cada ser angélico é amado e desejado pela Trindade Santa para ocupar seu lugar na criação.

Existe uma ligação direta entre os anjos e homens. Ambos possuem a sua origem e causa em uma única fonte: O próprio Deus[2]. Esta realidade, já por si mesma nos liga aos seres de luz criados em sua presença no mundo invisível. Distintos entre eles, em suas personalidades e individualidades, eles e nós somos chamados a nos unir em adoração e nos render a Deus com todo o nosso ser e forças.

Tudo foi feito por Ele e para Ele (Cl 1, 16). Isto significa que cada criatura racional, dotada de intelecto e liberdade, como os seres celestes e nós, seres humanos, foi chamada a estar em sua presença e participar da família do Céu.

---

1 Cfr. S. BULGAKOV, *La Scala di Giacobbe*, 164.
2 Cfr. R. BRITO, *O Mistério do Anjo da Guarda*, 31-33.

Como um pai que se assenta com seus filhos ao redor da mesa, assim é Deus em sua morada santa. O fim escatológico nosso, será aquele de nos reunirmos todos juntos misturando as nossas vozes as dos anjos e santos que já se encontram no Paraíso, para cantarmos e entoarmos hinos de louvores a Deus para sempre[3].

Criados antes da fundação do mundo, os santos anjos, escolheram a melhor parte, isto é: permanecer debaixo da sombra do Altíssimo e fazer d'Ele a sua morada e refúgio, adorando-O profundamente e se relacionando com Ele e com o mundo criado. Seja o da realidade invisível e, portanto, a realidade angélica por si mesmo, e aquele visível, isto é, a nossa realidade sensível da qual fazemos parte.

Talvez você esteja se perguntando porque o primeiro capítulo deste livro fala do amor de Deus e não diretamente dos anjos e, em especial, do glorioso Arcanjo Miguel. A resposta é simples e profunda: não podemos conhecer os anjos e entrar em relacionamento com eles, sem compreendermos que a existência destes e nossa, tem como início e fim o Ágape Divino, que por sua graça e misericórdia, nos criou para Ele e n'Ele.

Cada anjo no Céu, cada ser humano na Terra que caminha e peregrina neste mundo, conta com o

---

3 Cfr. MISSAL ROMANO, *Oração Eucarística V.*

olhar amoroso de Deus que cuida, protege e consola a quem a Ele escolheu por herança.

Este livro te levará às batentes da porta do Céu, e te fará perceber que em Jesus Cristo, Verbo de Deus encarnado, você tem acesso aquele lugar secreto, onde Deus habita e se revela. Ao entrar neste mistério de Amor, descobrirás, também, outros irmãos e seres criados pelo mesmo Deus que te moldou no ventre de sua mãe.

Desde o Serafim mais poderoso e belo, perpassando por todas as hierarquias dos coros celestes, e chegando até o último ser humano que nesta Terra acabou de ser concebido, o Amor infinito de Deus, sustenta e alimenta cada um de nós. O mesmo Deus que escuta as mais belos canções e louvores entoados pelos anjos no Céu, também se alegra com as lágrimas e gemidos do teu coração aqui na Terra.

Do Anjo mais alto entre as hierarquias e do homem mais pecador, que ousa levantar sua voz em direção ao Senhor e com coragem e humildade O adora, Deus se faz presente a ambos e desce na essência de cada um para se manifestar e ao mesmo tempo ser a felicidade última, Bem Supremo que não muda, e que é o deleite de quem n'Ele encontrou a sua salvação[4].

O Senhor é mais alto que todas as criaturas. Ele se inclina para escutar os anjos e você. Somente

---
4 Cfr. TOMÁS DE AQUINO, *Summa theologiae*, I, q. 5, art. 1-3.

o amor é capaz de se abaixar, e de se colocar no nível de quem dele se aproxima. A própria criação, em si mesmo, é um abaixar de Deus. Ele, por si mesmo, já se basta. Vivendo em movimento eterno de Amor, as três pessoas divinas da Santíssima Trindade, decidem criar todas as coisas.

Chama a existência alguém diferente de si, inferior e menor que si mesmo, como os anjos e seres humanos. Mas, justamente aqui, que podemos nos maravilhar. Por mais poderoso e forte que seja um ser celestial, ele nunca será maior e nem mesmo superará a grandeza e a inefabilidade de Deus.

Sabemos que os anjos são superiores em grau de perfeição a nós. Mas isto não impede que o Deus que os criou e a quem cada ser celestial tributa a Ele louvor e adoração, desça para escutar e clamor do coração de quem a ele suplica sua presença.

Somente o amor pode amar santos e pecadores, anjos e homens. Somente o Amor pleno e perfeito pode se doar totalmente esvaziando-se e vindo ao encontro das ovelhas perdidas, entregando-se em nosso lugar naquela cruz. Este amor é como água de fonte de águas vivas que nasce no alto, e desce a montanha encontrando e fecundando a tudo o que encontra pela frente.

Se pudéssemos usar a imagem da hierarquia celeste, a quem a tradição cristã, por influência de um antigo monge do oriente chamado Pseudo-Dionísio, nos apresenta as nove ordens angélicas, veremos que o Deus da vida desce perpassando pelos Serafins, Querubins e Tronos. Logo depois manifesta o seu poder às santas Dominações, Virtudes e Potestades, e a sua força e glória aos santos Principados, Arcanjos e Anjos. Veja: o mesmo Deus que se dá ao Serafim se dá, também, ao último Anjo do Céu.

Mas, não termina: Deus continua descendo. E em um movimento de amor, usando ainda a imagem da água da nascente da montanha, vem até embaixo, encontrar o último e mais baixo ser humano que possa existir. Não existe abismo para Ele, pelo qual consigamos fugir de sua presença e olhar. Por isso, o autor sagrado, ao contemplar a grandeza do Criador e seu cuidado para conosco escreveu:

> *"Para onde poderia eu escapar do teu Espírito? Para onde poderia fugir da tua presença? Se eu subir aos céus, lá estás; se eu fizer a minha cama no abismo, também lá estás"* (Sl 139, 7-8).

Nem mesmo os anjos são privados do olhar cuidadoso do Senhor. De fato, cada ser celestial foi criado para estar e viver para o Senhor, n'Ele, por Ele e para Ele. Podemos afirmar que a luz que ilumina as essências angélicas, ilumina também o mais profundo do nosso ser. Esta luz, que estava escondida, se manifestou e se fez carne e habitou entre nós (Jo 1, 9-15).

Somente o amor é capaz de se entregar ao outro gratuitamente. Santo Agostinho nos ensina a respeito de como Deus se entrega no relacionamento para conosco:

> *"A Vida desce para se fazer matar: o Pão desce para passar fome; o Caminho desce para se cansar de andar; a Fonte desce para ter sede"*[5]

Assim sendo, esta vida divina, que estava escondida em Deus e se manifestou a nós em sua plenitude, já havia se revelado no início da criação, quando através de sua Palavra, Deus criou as realidades invisíveis e aquela visível. Este amor que experimentamos em Jesus, é o mesmo que os anjos e, de uma maneira especial, o Arcanjo Miguel, vivem plenamente, para sempre, em sua essência.

Uma vez que Deus Amor se caracteriza como princípio da vida angélica e humana, logo, esse mesmo, transforma as essências de ambas as criaturas racionais, fazendo-as realizar também o mesmo movimento de descida em direção aos mais pequeninos para ali encontrar a presença majestosa do Senhor, que não deixa de ser o Altíssimo nem mesmo no abismo mais profundo do coração do homem.

Ora, a mesma luz e majestade que os Serafins contemplam no Céu e cobrem o rosto para que não vejam o rosto divino, os mesmos, ao olhar para baixo, contemplam o reflexo dessa mesma luz e glória em cada ser humano. Foi na plenitude dos tempos, por meio do mistério da encarnação do Filho de Deus,

---

[5] Santo Agostinho, *Sermão 78*. 6: PL 38, 492-493.

que a imagem e semelhança do homem manchada pelo pecado, foi restaurada pela redenção de Cristo.

Desde então, os anjos não somente contemplam o reflexo da glória de Deus em nós, mas, sobretudo, se maravilham conosco ao ver que a alma do justo alcançado pela Graça, é habitado por meio do Altíssimo e, portanto, o coração humano, se torna uma extensão do Céu na Terra.

A esse respeito, os padres da Igreja nos ensinam que em Jesus Cristo, e pela ação do Espírito Santo, cada um de nós somos inabitados pela Trindade Santíssima. Sim, Deus habita a tua alma. Essa habitação divina dentro de nós, manifesta por si mesma a potência e glória de Deus, uma vez que o Deus cristão é grande, não porque se faz acima das criaturas somente, mas porque ama, desce e vem fazer morada em nós.

Por isso São Ireneu de Lião escreveu:

"A Glória de Deus é o Homem Vivente"[6].

O que significa tal afirmação? Irineu ao afirmar essa sentença, procura salientar que o ser humano apesar da sua pequenez, este é capaz de se relacionar com Deus e, por sua vez, com o mundo invisível. Ao infundir o seu Espírito no primeiro homem, Deus não somente lhe dá o dom da vida, mas coloca dentro daquele pedaço de barro a sua centelha, o seu sopro, a sua respiração, fazendo que

---

6 IRINEU DE LIÃO, *Contra as Heresias*, IV 20, 7.

na essência humana, cada homem e mulher, possa suspirar por Ele, buscando-O e desejando-O como a corsa que suspira pelas águas (Sl 42, 1).

Mais tarde, um outro padre da Igreja, chamado Máximo Confessor, irá completar o que Irineu havia dito. Se para Irineu Deus é glorificado no existir humano, O Confessor dirá que esta glória está no fato que Deus, que é inacessível e inefável em sua presença e poder, decidiu descer e habitar o homem. Portanto, para o autor oriental, Deus é glorificado no ser humano, porque ele mesmo habita na mais frágil e pequena das criaturas. Assim sendo, não depende de nós e nem mesmo do nosso esforço, mas de Deus, em Jesus Cristo, que dá o primeiro passo em direção a nós amando-nos e salvando-nos[7].

Jamais entenderemos a vida angélica e o seu relacionamento com o Criador e por nós seres humanos, se antes não tivermos compreendido que tudo o que move o Céu e a Terra, tem como princípio basilar e móvel, o Ágape divino, capaz de criar, santificar e adotar o homem como filho e herdeiro da sua graça e promessa.

Portanto, a fonte primeira que deve mover teu coração é o Amor de Deus, manifestado em Jesus Cristo, que se encarnou e uniu o Céu e a Terra, fazendo com que a tua vida estivesse ligada a d'Ele e,

---

7 Cfr. P. G. Renczes, *La Gloria del Padre e la Pienezza dell'umano*, 155.

por sua vez, a todos os santos e anjos que O glorificam e O adoram em Espírito e em verdade. Dentre todos os viventes que estão diante do trono de Deus e o servem dia e noite (Ap 7, 15), está o príncipe da Milícia Celeste. Miguel, o guardião do lugar secreto, da adoração e intimidade com o Senhor.

    Esteja atento a partir de agora. Você irá conhecer os segredos do Arcanjo Miguel. Seu coração se alegrará ao descobrir que o primeiro entre os anjos, possui um amor imenso por Deus e por você.

    Quando dizemos que Miguel luta nossas guerras e combate conosco, muitas vezes podemos correr o risco de reduzi-lo a um simples guerreiro ou general dos exércitos celestes. De fato, ele o é, mas ele é muito mais do que um simples combatente contra o dragão e seus anjos. Você descobrirá, a partir de agora, os bastidores que fazem com que Miguel seja tão poderoso e tão amado por Deus e por nós e te apresentarei as armas que ele possui para vencer todo o mal.

CAPÍTULO II

QUANDO TUDO PARECIA PERDIDO, ELE SE LEVANTOU

No princípio de tudo, o vazio e o silêncio imperavam. O caos e a escuridão pairavam sobre o abismo da não existência. E mesmo antes que os montes, vales e colinas fossem formados, bem como as estrelas fossem fixadas no céu, e o universo formado, lá estava Deus.

Deus é Três Pessoas divinas, que não possuem princípio e fim, e que o tempo e espaço não podem condicioná-lo. O Todo-Poderoso é causa primeira de toda criação e existir. Ele não foi criado por ninguém e nem mesmo causado por nenhuma outra divindade. Sempre existiu e nunca houve outro antes e depois d'Ele.

Diante dessa realidade, ao longo da história, o ser humano, buscou, intuiu, pesquisou e se empenhou em jornadas de estudo por meio da razão, procurando entender onde se encontrava o princípio das coisas criadas e a causa primeira de todas elas.

O mais famoso pensador da antiguidade, Aristóteles, refletiu sobre a criação e o movimento ordenado que existe naturalmente nesta. Viu que tudo o que existe é movido por algo anterior e maior. Ele chamou este movimento de devir - *(Motu)*, que, por sua vez, desencadeia outros movimentos sobre o que vem sucessivamente. Existe, portanto, em todas as coisas, uma causa que determina todas as realidades.

Um exemplo de simples compreensão está em nosso próprio nascimento. Por nós mesmos não poderíamos estar aqui se antes uma causa natural não estivesse acontecido, movendo, por sua vez, o nosso próprio existir. Estou falando dos nossos pais, que ao unirem-se tornaram-se a causa de nós filhos. Mas, se você for perguntar quem foi a causa de seus pais, a resposta será seus avós, de seus avós os bisavôs e assim por diante.

Se você continuar refletindo assim, entenderá que, necessariamente, precisa existir alguém que não foi causado por ninguém, mas que é princípio de causa primeira de todas as coisas. A este a tradição cristã, de um modo especial Tomás de Aquino, chamará de Deus[8].

O princípio de tudo não é uma ideia ou conceito teórico, mas um Ser Pessoal, invisível e real, que com amor eterno, olhou para o vazio da não existência e sonhou, pensou, desejou, amou, e criou cada Ser celestial no Céu, bem como cada ser humano na Terra. A causa da existência dos anjos e homens é Deus, é seu amor, sua infinita misericórdia, que chama a existência os do mundo invisível e nós, do mundo visível. Seu olhar mais penetrante que uma flecha de fogo, nos atravessa, e nos dá o sentido da nossa própria existência.

A sua suprema vontade não nos aprisiona, mas nos torna livres e plenos n'Ele para que, vivendo o dom da vida, possamos ser por Ele, com Ele e para

---

8 Cfr. TOMÁS DE AQUINO, *Summa Theologica*, I, Q. 1, Art. 3.

Ele, fazendo uma oferta agradável de amor. E quando falamos nós, estou explicitamente incluindo os Santos Anjos, nossos irmãos celestiais[9].

Deus é causa de cada anjo no Céu existir. É por isso que eles, dia e noite, O adoram e O louvam incessantemente, consumindo suas vidas em amor a Deus, princípio e causa de suas vidas.

Sabemos que o mundo invisível foi criado primeiro que o nosso mundo visível. A tradição judaico-cristã, sempre interpretou que no espaço de tempo (se assim podemos dizer), entre a criação dos céus e da Terra, houve entre as primeiras criaturas espirituais criadas, uma prova que desencadeou na batalha cósmica entre os anjos bons e maus.

É nesta guerra que o Arcanjo Miguel se destacou pela sua coragem, amor e zelo por Deus. O que o motivou para que se alinhasse contra os inimigos do seu Senhor? Foi interesse? Buscou *status*? Quis ser maior que os outros? Não! Miguel se levantou para defender o Amor que o criou e que o sustentava em Sua Graça.

Uma guerra se desencadeou. De um lado os defensores de Deus; na outra linha, os rebeldes e usurpadores liderados por Satanás e seus demônios. Como tudo isso se deu? Vejamos:

---

9 Cfr. TOMÁS DE AQUINO, *Summa Theologica II*, Q. 59, Art. 3, p.199.

O pecado de Lúcifer e seus anjos!

Os anjos foram criados perfeitos em sua natureza. O mesmo Deus que os criou lhes outorgou o dom da liberdade e do livre arbítrio, pois o amor não aprisiona ninguém a si, ao contrário. O verdadeiro amor está na liberdade em amar o outro sem pretensões ou interesses desejando a sua felicidade e se alegrando com sua realização pessoal.

Por isso, a tradição cristã sempre entendeu que a criação dos anjos, bem como a nossa, é pautada pela livre e completa escolha de cada ser criando ante ao seu Criador. O Senhor não nos obriga e nem mesmo pretendeu dos anjos que entrassem em sua presença sem a livre e espontânea vontade.

Temos que entender que existem dois momentos na vida dos anjos: o primeiro instante é a criação em si mesmo, Deus os assistiu com a sua graça para que estes pudessem livremente escolher por Ele. Neste primeiro momento, os anjos são convidados a entrarem em comunhão com o Senhor. Aqueles que se abriram à graça, e se deixaram conduzir pela bondade e amor divino, entraram em sua bem-aventurança[10].

Dentre os espíritos celestes, houve aqueles que, comandados por Satanás, se rebelaram e, por iniciativa própria e inteira responsabilidade, escolheram não servir e entrar em comunhão com o Senhor. As-

---

10 Cfr. Tomás de Aquino, *Summa Theologica*, II, Q. 62, Art. 2.

sim sendo, iniciaram uma rebelião, que desencadeou a guerra. O que estava em jogo? A glória, a honra de Deus, mas também a própria felicidade angélica, isto é, estar em comunhão com o seu Senhor.

Não existe felicidade para as criaturas racionais, como nós e os anjos, se a nossa vida não estiver em comunhão com o nosso Criador. Por isso, ao contrário dos anjos que entraram na bem-aventurança (felicidade), os demônios caíram em uma profunda "tristeza", contrapondo efetivamente sua vida infeliz com a vontade de Deus para cada um deles de serem felizes para sempre em Sua presença. O teólogo *Duns Scoto* nos diz exatamente isso ao afirmar que os demônios sofrem de uma profunda tristeza, porque sua vida se enveredou para a não satisfação eterna de ser um dom para o outro[11].

É neste momento que, ao decidir por Deus, os anjos bons se tornam espíritos bem-aventurados. Por sua vez, os que não acolheram a graça e o amor divino, caíram e se tornaram demônios inimigos mortais dos anjos e, por conseguinte dos homens fiéis ao Altíssimo.

O orgulho e a soberba de Lúcifer foram o motivo que o levou a conduzir a rebelião e virar as costas para o seu Deus. Alguns teólogos, como o beato franciscano *Duns Scoto,* entendem que a queda dos anjos

---

11 Cfr. IOANNES DUNS SCOTUS, *Reportatio* 2A.7, Merton College, MS 61, fol. 150v.

se deu por sua negação em servir ao filho de Deus encarnado no ventre da Virgem Maria[12].

Se analisarmos esse pensamento, concluímos então, que, desde o início, o Diabo e seus anjos odeiam a humanidade e em seus íntimos decidiram destruir a obra de Deus em nós.

Por outro lado, o pecado angélico tem como fundamento a soberba em não se submeter a Deus e servi-Lo. Esta percepção da origem do pecado angélico ter sido o orgulho, encontramos em toda a idade patrística e medieval. Um grande autor moderno que irá retratar esta reflexão sobre a queda angélica é Dante Alighieri. Para ele, Lúcifer e seus anjos caíram por causa da violência contra Deus e sua criação, buscando assim destruir toda beleza e bem que o Criador ordenou e que iria ainda ordenar[13].

O mistério da queda dos anjos está ligado àquela liberdade que só amor é capaz de nos conceder. Como afirmei logo acima, o Amor de Deus é tão puro e perfeito, que concede às suas criaturas, a possibilidade de escolhê-Lo como seu Senhor e Deus, não obrigando a ninguém a estar consigo, a não ser se este não faz por amor e por livre decisão tomada em sua alma.

---

12 *Idem;* Cf. MAYNARD, Michel-Ulysse. *La Sainte Vierge*. Paris: Firmin-Didot, 1877, p.352.
13 Cfr. DANTE ALIGHIERI, *Paradiso* XIX 46 e XXIX 55-57.

Assim sendo, quando na eternidade Deus revela aos anjos a respeito da encarnação da Segunda Pessoa da Santíssima Trindade, isto é, o Verbo de Deus, Cristo Jesus, o mais belo Querubim, a quem a tradição chamou de Lúcifer, se refutou a servir a um Deus que se abaixaria, descendo e esvaziando-se a si mesmo, para se tornar criatura menor que a dos anjos[14].

Veja que o pecado dos anjos tem sua raiz na não obediência à vontade de Deus e, também, ao orgulho e soberba de não servir a alguém "inferior" em natureza a eles. Mas aqui mesmo reside o engano do pecado que leva a consequências desastrosas. Qual é o engano?

A fraude está em pensar que a encarnação de Deus o rebaixaria em sua posição, no topo da criação, sendo Ele mesmo a causa primeira de todas coisas existirem. Mas Lúcifer e seus anjos, cegos pela falta de amor, e caindo no vazio do não ser, não perceberam que a Glória de Deus é tão alta que não somente enche os céus com sua grandeza, mas também enche toda a Terra em sua baixeza (Is 6, 3).

O que eu quero dizer? Estou afirmando que mesmo Deus em honra e poder que é adorado no Céu, também O é aqui embaixo na Terra. Anjos e homens foram ambos criados para entrar na presença

---

14 Cfr. FRANCISCO SUÁREZ, in *Pars secunda Summae theologiae de Deo rerum omnium creatore*, Lugduni 1620, pp. 604, 602.

do Senhor e orientados por Sua graça e amor, para serem conduzidos em Sua presença e conviverem em uma única sociedade e família celeste.

Talvez, em teu coração, o que estou dizendo está longe da tua realidade. Mas lhe digo que essa verdade de fé é tão real como o ar que entra em teus pulmões e faz com que o teu coração bombeie o sangue para todo o teu corpo. Você às vezes não percebe que o mesmo vento que levanta as ondas do mar, faz teu pulmão encher de ar. O mesmo sol que ilumina toda a Terra, aquece teus dias e clareia a tua jornada. Se pelas coisas naturais contemplamos a grandeza de Deus, tanto mais real e verdadeiro é o que Ele mesmo é, independente se você crê ou não.

Portanto, o exemplo que dei acima é para lhe mostrar como é grande e alto o mistério do Amor divino, que não cessa de descer e dar-se totalmente, seja ao mais alto dos Serafins ao mais frágil e pecador dos homens.

É justamente essa compreensão que os anjos que caíram não entenderam. Como pode um Deus tão alto, ser capaz de descer tão baixo? E por que não se fez criatura angélica invés de humana?

Mas, quando se está longe do amor, o olhar se escurece, o coração se fecha e as trevas invadem a alma daquele que não mais contempla Deus em seu próximo. O orgulho de Lúcifer o levou a não adorar e contemplar a Deus, presente no mais alto como no mais baixo das realidades criadas. Ele não entendeu que o amor só é grande quando se abaixa ante o mais pequenino.

Esses anjos nem mesmo descobriram a paternidade de Deus, que em si mesmo é *kenosis*, é esvaziamento total, em direção a quem a ele se apegou.

Eu contemplo Deus todos os dias em minha casa. Vejo-O presente em meus filhos pequeninos, que sentem fome e os devo alimentar, que precisam de colo e os carrego em meus braços. Quantas vezes o mais pequenino, não podendo estar a minha altura, me puxou pelas barras da calça, para que me sentasse com ele no chão para brincar e estar na mesma altura e abraçá-lo.

Ao descer ao nível do meu filho para pegá-lo no colo e levantá-lo, experimentei que Deus, o Altíssimo, inacessível e inefável, não se envergonha de mim que sou pequenino. Todos os dias ao deitarmos e levantarmos, Deus ao mesmo tempo que em sua glória enche o Céu com sua luz, em modo silencioso também, enche o quarto do coração do homem e o faz ser filho em seu Unigênito que se entregou por nós.

Depois de tudo isso que falamos até agora, se alguém nos perguntasse: qual foi o motivo da queda dos anjos maus? A nossa resposta seria clara: foi a soberba de querer se igualar a Deus e a escolha livre e deliberada destes em não acolher a graça e o amor divino que os buscava em suas essências.

A "música harmoniosa" que se tinha criado entre os coros celestiais, foi destoada pela nota fora do compasso, expressa por Lúcifer e seus anjos. Aparentemente parecia que tudo estava perdido. Todavia, se por um lado estes espíritos celestes renegaram seu Criador, a maioria dos anjos permaneceu fiel a Deus e disse sim a sua vontade e acolheram em sua essência a Vida divina que os santificou e os fez entrar em comunhão consigo.

O amor que ardia antes em suas essências foi expulso por deliberação desses mesmos espíritos que se autocorromperam, se tornando inimigos mortais de Deus, de seus irmãos celestiais e do ser humano que seria criado a Imagem e semelhança de Deus.

O Dragão e seus anjos não somente se rebelaram contra Deus, fonte única da Vida verdadeira, mas se voltaram com ódio contra toda a criação e decidiram enveredar-se contra os que foram chamados à bem-aventurança e vida eterna na presença de Deus. Se o Altíssimo é a Vida, estes anjos que agora caíram, se tornam por livre escolha os propagadores da morte eterna, buscando arrastar consigo cada ser que poderia ser corrompido. O Homicídio do ser humano foi planejado!

O plano maligno da destruição dos anjos e dos homens

Essa desobediência levou o inimigo de Deus a decidir-se em lutar contra os descendentes da mulher, isto é, com cada um de nós e, portanto, fazendo dele um homicida desde o princípio. É Jesus que nos ensina a esse respeito ao dizer:

> *"Ele foi homicida desde o princípio e não se apegou à verdade, pois não há verdade nele"* (Jo 8, 44).

Ao afirmar que o príncipe das trevas é homicida desde o princípio, o próprio Jesus nos deixa uma pista, de que o pecado angélico aconteceu ainda antes da criação do nosso mundo visível.

Antes de continuarmos a nossa reflexão, tenho para mim que os significados das palavras possuem em si uma mensagem escondida em códigos. Quando analisamos a etimologia da palavra homicida chegamos a conclusão que se trata de alguém que deseja a queda ou a morte de alguém.

De fato, a palavra a que nos referimos vem do latim: De *homo* (homem) e que possui o sufixo *cidio*, que significa em sua raiz: matar, derrubar. Portanto, um homicida, em seu significado profundo, constitui aquele que faz o outro cair em morte, ou que imola seu próximo privando-o de viver. Mas a pergunta que podemos fazer é: que morte seria está? Seria simplesmente a morte física e biológica?

Evidentemente que não, uma vez que não nascemos e fomos criados por Deus para findar nossos dias neste mundo, mas sim, fazer desta vida que é passageira (Páscoa), uma etapa para a verdadeira Pátria Celeste, e por sua vez para a eternidade.

Sim, Deus, ao te criar, te sonhou para o Céu e para a eternidade, vivendo esta vida com os pés no chão duro da terra, caminhando e chorando neste vale de lágrimas, mas sabendo que nossos olhos e corações estão em Deus e, portanto, fixos naquele jardim, uma vez perdidos pelos nossos primeiros pais, e que foi conquistado pelo Sangue de Nosso Senhor naquela Cruz do Calvário.

Portanto, ao dizer que o inimigo de nossas almas é inimigo desde o princípio, a doutrina cristã nos ensina que este inimigo nosso, deseja o nosso fim integral, a nossa não existência, logo o nosso não ser. Ele procura, portanto, a nossa total destruição e aniquilação, buscando nos conduzir à rebelião que ele mesmo iniciou contra o Autor da vida.

Sendo assim, seu plano maligno foi sempre aquele de seduzir as criaturas racionais de ambas realidades visíveis e invisíveis, sejam elas anjos e homens, para que caíssem com ele nos abismos escuros e sombrios longe da presença de Deus.

Ao falar sobre esta extinção, Jesus nos ensina que a morte a quem devemos temer, não é a do corpo (biológica), mas aquela espiritual (eterna):

> *"Não temais os que matam o corpo, mas não podem matar a alma. Temei antes aquele que pode destruir a alma e o corpo na Geena" (Mt 10, 28).*

Nesse versículo específico a palavra grega matar, utilizada no texto original de Mateus, é "ἀποκτείνω – *apokteínō*" que significa matar, destruir, fazer perecer, extinguir e abolir.

Veja, portanto, que nesse versículo, Jesus está nos ensinando que o inimigo está preocupado em nos conduzir não para a morte biológica, que chega com o passar dos anos, com um acidente de percurso ou por meio de enfermidades que resultam no fim terreno.

Ao contrário, o desejo e intenção de Satanás é aquele de fazer com que a alma deixe de existir, perca sua imortalidade e seja abolida do plano da existência.

A profundidade de compreender as reais intenções do Diabo, nos faz entender ainda mais o mistério da salvação do nosso Deus que, em Jesus Cristo, se encarnou e assumiu nossa natureza humana, destinada a perecer e retornar ao pó.

Ele que é o Eterno e inacessível, desceu neste mundo para te encontrar e, por amor, colocar fim aos planos e insídias do nosso inimigo, que desejava aniquilar a criação do ser humano. Logo ao assumir nossa vida, ao caminhar neste mundo, Deus, em Jesus Cristo, nos tirou das garras deste infernal inimigo e nos deu acesso a sua presença, abrindo mais uma vez as portas da eternidade para que você, que agora lê estas páginas, pudesse suspirar e dizer com toda convicção do teu coração: o meu lugar é o Céu.

O princípio do ódio e inveja do maligno está vinculada a sua total aversão a Deus, em primeiro lugar, e à sua criação. Mas como eu já lhe disse no início deste livro, não podemos limitar a criação de Deus, somente a realidades sensíveis.

A teologia nos ensina que a criação é composta das coisas que se veem e daquelas que são invisíveis aos nossos olhos. Portanto, o plano de corrupção e destruição está voltado não somente para nós, mas também para o mundo angélico.

É justamente por isso que a primeira batalha se iniciou lá e não aqui. O que vivemos hoje é a continuação de uma guerra que se desencadeou na eternidade e desembocou no tempo limitado da existência passageira desta realidade terrena. Se o ser humano é o alvo principal do inimigo hoje, é porque no Paraíso que ele perdeu, este tinha tentado corromper seus pares angelicais, tendo arrastado consigo um terço dos anjos (Ap 12, 4).

Ora, o que dizer a este respeito? Em um primeiro momento, um assombro toma conta de nossa consciência ao percebermos a gravidade do pecado angélico. Mas, nem tudo estava perdido. A maioria, não se deixou enganar pelas insídias e enganações do inimigo de Deus. Corajosos e fiéis, as fileiras foram formadas. De um lado a luz e de outro as trevas. Corajosos e fortes, Serafins se acenderam de amor por Deus, Querubins se prostraram em adoração e veneração ao Onipotente. Os anjos Tronos arderam em suas essências a presença do fogo imperecível do Ágape divino. E um a um dos espíritos bem-aventurados, perpassando por todas as hierarquias decidiram seu destino.

Dentre estes irmãos corajosos, o maravilhoso Miguel se levantou, inflamado de amor e zelo pela causa divina, para liderar os que acreditaram e acolheram Deus em suas vidas. Ao contrário de Lúcifer e seus anjos, o Arcanjo Miguel, havia acolhido em sua essência, o seu Deus.

Ele descobriu este colo, encontrou este abraço de um Pai que ama seus filhos. Em um gesto natural de gratidão, ele não deixou que os outros seus irmãos fossem vilipendiados por terem aceitado o Bem Supremo em suas existências.

Como alguém que defende sua família e a honra de seus pais, o Príncipe dos Anjos fez seu brado ecoar entre as fileiras angélicas e infernais. Como um trovão em meio a nuvens escuras e espessas, surgiu o campeão do Altíssimo! O seu grito silenciou os ruídos confusos e reordenou as fileiras dos anjos contra aqueles que, agora, se tornaram demônios.

Vejamos o que se segue:

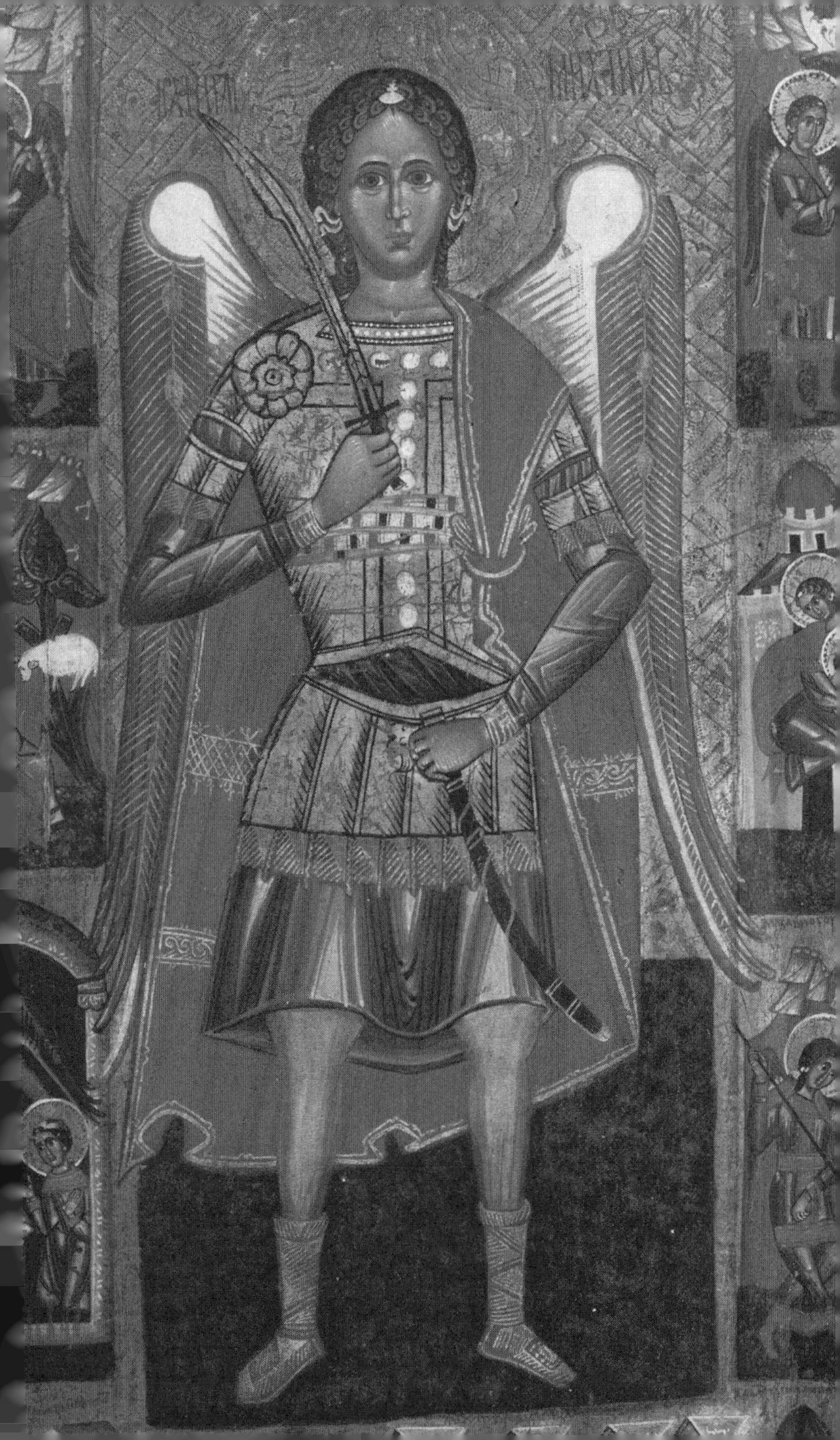

CAPÍTULO III

A GRANDE BATALHA

"Houve uma batalha no céu, Miguel e seus anjos guerrearam contra o Dragão, o dragão juntamente com seus anjos, mas foi derrotado e não se encontrou mais lugar para eles no céu" (Ap 12, 7).

O capítulo doze de Apocalipse é um dos textos mais utilizados pelos cristãos para a reflexão a respeito do Arcanjo Miguel. Nele encontramos a ação do arcanjo contra o dragão que se posicionou contra os desígnios de Deus e, por sua vez, contra aquela que estava para dar à luz.

Os Anjos de São Miguel

O texto sacro evidencia a primazia do arcanjo entre os outros anjos. O apóstolo João nos deixa explícito em seu texto, que quem batalhou contra os inimigos de Deus e dos homens, foi Miguel e os seus anjos. Quero parar aqui para fazer uma análise junto com você sobre este texto.

O fato de o Arcanjo ter tomado a iniciativa, e liderar os outros anjos contra Lúcifer, demonstra a sua alta hierarquia entre os seres espirituais[15]. Ele então não é um anjo pequenino ou de baixa patente como muitas vezes nos falaram. Sua posição e autoridade entre os anjos do Céu é muito maior do que se

---

15 Cfr. San Pantaleone Diacono, Encomio su San Michele, citato in G. MAarangoni, Grandezze dell'Arcangelo San Michele, Roma 1739, p. 202.

pensa. A este respeito falaremos mais explicitamente mais à frente.

Quando lemos o versículo 7, corremos o risco de não observar a informação preciosa que estas poucas linhas nos entregam. Os anjos de Deus foram provados. Essa prova, como já disse antes, foi feita a todos os anjos. Significa que, desde o primeiro serafim até o último anjo, todos, sem exceção, tiveram que escolher pelo Bem.

Ora quando se fala, então, que Miguel conduziu a batalha contra os inimigos de Deus com os seus anjos, a tradição cristã sempre entendeu que estes anjos são todos, sem excluir nenhum, de todos os coros das hierarquias celestes. Portanto, desde os anjos mais elevados bem como os últimos, todos se alinharam com o príncipe dos anjos.

Isto já muda de alguma forma o nosso modo de pensar a respeito da própria batalha em si. Todos os anjos combateram contra Satanás e seus demônios. Estou salientado isso para que você entenda o quão poderoso é o Arcanjo Miguel. Seu poder, todavia, provem totalmente de uma única fonte: Deus.

Quem Como Deus?

Quando o ferro ainda não era forjado nas ferrarias e nem mesmo as espadas moldadas na pedra do espadeiro e quando a arte da guerra não existia entre os homens, no Céu, o Príncipe Celeste se levantou e combateu seus adversários com as armas mais poderosas que qualquer ser vivo já viu. Estas armas são capazes de destruir fortalezas e colocar a baixo todas as resistências.

Forte e corajoso é Miguel. Potente é seu braço, para despedaçar os soberbos e derrubar dos tronos os poderosos anjos que se atreveram usurpar o lugar de Deus. Mas não foi com a força de seu "braço" e nem a confiança em si mesmo que fez Miguel vencer os inimigos de Deus.

Diferente do que a imaginação popular possa pensar, ele não enfrentou Satanás e seus demônios em uma guerra épica como temos em mente. Mas foi prostrado com a face no chão, nas escadarias do trono, adorando e louvando o seu Deus, que ele bradou aos outros anjos seus irmãos: Quem é Como Deus?

Miguel não é um nome simplesmente, mas um brado, um grito de um ser apaixonado que defendeu o amor da sua vida. O seu nome está ligado intrinsicamente ao mistério da adoração e do louvor.

O nome Miguel vem do hebraico: לְאָכִים (Mi-xa-el) e do grego Μιχαήλ (Mika-el), ambos significam literalmente: Quem é como Deus? Então o nome do Príncipe dos Anjos, pode ser interpretado como uma afirmação ou como uma indagação.

Se entendemos o nome de Miguel como uma pergunta, logo podemos perceber que seu nome é a uma resposta contrária a de Lúcifer: Não Servirei!

Se por um lado a soberba do príncipe das trevas culminou em sua rebelião e, portanto, em sua queda, foi pela humildade que Miguel foi elevado a chefe e príncipe entre todos os seres celestiais.

Seu nome, portanto, carrega em si mesmo a manifestação da adoração e da essência dos próprios anjos, perdida quando o Dragão se rebela.

O nome "Quem como Deus" é a resposta e a exortação ao espírito rebelde que desejou e ambicionou em seu íntimo ser ele mesmo como Deus, buscando usurpar portanto o lugar do Altíssimo como princípio e única fonte de todas as criaturas. Seu orgulho e sua soberba o levaram a cegueira espiritual de pensar que, mesmo sendo uma mera criatura, poderia ousar ocupar o único lugar do Onipotente. Foi seu orgulho e presunção que fez com que o Arcanjo se levantasse e se tornasse, desde então, e para todo o sempre, o antagonista de todo mal. O nome de Miguel é então uma resposta clara que, por mais belo e poderoso que um anjo possa ser, este jamais será comparado a Deus, Autor e Princípio de toda vida.

Sim, o Arcanjo Miguel é um contragolpe a tudo aquilo que busca ocupar o lugar da glória de Deus no centro da criação e, por sua vez, na vida de cada criatura. Nesse sentido nos ensinou João Paulo II, ao comentar o capítulo 12 de Apocalipse, em que se descreve a batalha do Arcanjo contra o Dragão infernal:

> *"O autor sagrado apresenta-nos, nesta dramática descrição o fato da queda do primeiro anjo, que foi deduzido pela ambição de se tornar 'como Deus'. Daqui a reação do Arcanjo Miguel que cujo nome hebraico 'Quem como Deus', reivindica a unicidade de Deus e a sua inviolabilidade."*[16]

Nesse sentido, o que a tradição cristã nos aponta em um primeiro momento, é que o Príncipe dos Anjos, ao se levantar contra os poderes das trevas, busca inicialmente, orientar seus pares e nós a respeito do lugar da centralidade que Deus precisa ocupar em nossas vidas. Não existe relacionamento verdadeiro se o coração e alma está dividida com outras distrações. Sendo assim, Miguel, com seu exemplo e testemunho, ensina a todos nós, homens e anjos, a voltar o nosso olhar para o centro da nossa existência, onde encontramos a verdadeira unidade do Criador em que a sua criatura.

Em poucas palavras, a missão do arcanjo ante as insídias do Diabo é nos ensinar a tirar os olhos das distrações e seduções do maligno, que muitas vezes nos desorienta do caminho a seguir e nos tira do propósito de entronizar Deus em nossas vida e fazer do nosso coração o palácio e o templo onde Ele mesmo deseja habitar!

---

16 JOÃO PAULO II, *L'osservatore Romano*, Edição semanal em português, n. 21 (913), de 31 de maio de 1987, p. 4, (284).

O nome Miguel é um código de Adoração

Um dos títulos do arcanjo é: Perfeito Adorador do Verbo Divino. A palavra adoração vem do grego *Latria,* que significa em sua essência, prestar culto, veneração e se prostrar diante da divindade. A diferença entre um adorador e um demônio é tão antagônica como o frio em relação ao calor. Ora, se por um lado o adorador se prostra reconhecendo a grandeza de Deus, os anjos caídos e soberbos se levantam com os queixos acirrados e declaram que não servirão!

A adoração nada mais do que é um gesto de amor de quem foi encontrado pelo amor divino e sabendo de sua pequenez, se entrega totalmente, depositando seus méritos e sacrifícios aos pés do Todo-Poderoso. A maior arma do Arcanjo Miguel e de seus anjos é a coragem de declararem, em alto e bom som, que sozinhos e sem a presença do Senhor não se atrevem a ir a lugar algum, se não estar na presença d'Aquele que tudo é e que tudo pode realizar.

Veja que mensagem poderosa. O código que o nome de Miguel nos traz a respeito da adoração, podemos encontrar em vários versículos bíblicos. Um texto sagrado que sempre me chamou a atenção é o do cântico de Moisés. Depois de ter visto a ação do Senhor na libertação dos Israelitas da escravidão do Egito, o libertador do Êxodo cantou:

> "*Quem é igual a ti ó Senhor, entre todos os Deuses? Quem é igual a ti ilustre em Santidade? Tu és terrível nas façanhas e hábil e maravilhas*" (Ex 15, 11).

De fato, o louvor é o reconhecimento de quem Deus é. Não foi Miguel que expulsou o dragão do Paraíso, mas sim o próprio Deus, que utilizando-se do Príncipe dos Anjos e de seus irmãos, precipitou nos abismos o quebrador de promessas e soberbo que desejou usurpar o trono e o lugar da adoração. Ao gritar "Quem Como Deus?", Miguel simplesmente está chamando a atenção dos anjos que permaneceram fiéis a Deus e exortando e colocando em seus devidos lugares, os espíritos malignos que se rebelaram.

Ainda sobre o significado do nome Miguel, encontramos o seguinte versículo:

> "Não existe ninguém como o Deus de Ieshurun, Israel, que cavalga majestoso os céus para cooperar com ele, e monta garboso sobre as nuvens do seu reino" (Dt 33, 26).

Em várias passagens das Sagradas Escrituras, encontramos este aspecto do Deus bíblico guerreiro. Ele é o Senhor dos Exércitos, que nunca perde uma batalha. Em suas mãos estão o poder e a realeza.

A Ele pertencem o poder, a glória e a majestade. Ele é invencível ante a todos os deuses. Assim sendo, o que nos leva a refletir a respeito da adoração do Arcanjo, é que quem de fato é forte e poderoso, não são os anjos que venceram as hostes infernais, mas sim o próprio Deus, que é o rochedo e a força sublime, pelo qual os anjos vencedores possuem como única fonte.

O chamado a adoração ao Deus verdadeiro é o que move o coração do povo judeu desde sua origem.

Lembremos que o patriarca Abraão foi chamado pelo Altíssimo, do meio de Ur dos caldeus, onde o politeísmo imperava entre aqueles que adoravam a deuses de prata e ouro e de todas as formas, levando-os a idolatria.

Ao ter tido a coragem de escolher pelo único Deus, Abraão e seus descendentes se destacaram como a religião do monoteísmo.

Por isso, o primeiro mandamento é um convite de total adesão aos planos divinos e à sua vontade ao declarar:

> *"Amarás o Senhor, teu Deus, com todo o coração, com toda alma, e com todas as tuas forças" (Dt 6, 5).*

Na verdade, para que uma relação verdadeira se configure como real, essa deve ser exclusiva e não barganhada entre outras. O que o Deus da Bíblia exige é um relacionamento único, exclusivo, fazendo que o adorador busque n'Ele, total atenção e dedicação de sua vida. Ao dar a ordem para que os descendentes dos patriarcas O adorem não buscando outros deuses além d'Ele, o Deus judeu, está convidando os seus adoradores, a encontrar n'Ele a única fonte de vida verdadeira que existe.

A exigência que Deus pede aos anjos no momento da prova angélica, não é por nada diferente daquela que pediu ao povo judeu. À luz da palavra então mais uma vez, podemos intuir o que estava no pensamento de Miguel quando este se levantou para bradar que somente o Senhor é Deus e que fora d'Ele não há outro. A pergunta "quem como Deus?" ainda ressoa em outros textos sagrados como este:

> "*Pois quem no céu se pode igualar ao Senhor?* Quem é semelhante ao Senhor entre os filhos dos poderosos?" (Sl 89, 6).

À luz desses textos podemos então concluir, que o brado de Miguel é uma expressão de alguém que entendeu seu papel no mundo e sabe em quem colocou toda a sua confiança. Miguel nos ensina algo preciosíssimo: em meio ao caos e a prova maior, precisamos nos lembrar em quem colocamos a nossa esperança e a quem devemos recorrer quando tudo parecer contrário.

Quando o caos e a escuridão pareciam querer tomar conta das mentes de seus irmãos, o Príncipe dos Anjos os recordou que somente ao Senhor se deve servir e adorar, e que nenhuma distração, mesmo sendo ela aparentemente importante, pode tirar nossos olhos e pensamentos do único amor que move a nossa vida.

Portanto, a primeira lição que aprendemos com o Arcanjo, é que não importa o que você passe, jamais perca o foco e a meta em buscar ao Senhor e tê-lo como o centro da tua vida!

Gritar "quem como Deus?", é um gesto de profunda declaração e amor do amado ao seu amante. É como que se os olhos daquele que assim professa, não se distraem de maneira alguma do único centro da sua vida. Ao bradar que não há outro além do Senhor, Miguel está declarando o tempo todo que até mesmo a mais perfeita das criaturas, como era Lúcifer, não pode se comparar a beleza e a grandeza do Todo-Poderoso.

Ao mesmo tempo que seu grito chama a atenção para a adoração ao Deus único, seu brado de exortação faz com que os anjos, naquele derradeiro momento da prova, voltem a atenção para a fonte de todo Bem, sem deixar ser enganados pelas vozes duvidosas que Satanás e seus anjos espalhavam em meio aos coros angélicos.

Um Brado de louvor e pedido de socorro!

Sua vida e seu modo de agir nos revela o segredo de como não se perder em meio a escuridão do caos da provação: buscando com a voz e clamor atrair a presença de Deus.

Assim sendo, o que podemos destacar aqui, é que ao bradar fortemente e decididamente que somente a Deus se deverá prestar culto, Miguel mesmo aparentemente, não compreendendo plenamente os planos divinos com o mistério da criação humana, este confia em seu Senhor e permanece próximo a Ele.

Se por um lado o nome Miguel é um brado, ele também é um grito de socorro! Sim ao clamar "quem como Deus?", o Arcanjo está também professando em alto e bom som, que ele não possui nenhuma segurança em sua vida que não seja seu Deus.

Para que você entenda o que quero dizer quero usar um exemplo concreto. Enquanto estou escrevendo estas linhas, me lembro do que aconteceu esta noite. Durante a madrugada, meu filho mais velho, Daniel, teve um pesadelo. Eu estava em meu quarto com minha esposa Lilian, quando, de repente, o meu pequeno gritou assombrado. Eu saltei da cama e fui correndo o mais rápido que podia, quando cheguei me debrucei ao lado de sua cama e me deitei com ele.

O Dani me disse entre lágrimas que tinha sonhado com um monstro e que estava com medo e, por isso, havia gritado meu nome. Me pediu para que eu ficasse com ele abraçado até que dormisse de novo. E assim aconteceu, pois eu acabei por dormir com meu filho em sua cama tamanha era a minha fadiga desta noite.

Mas, o que este simples exemplo deseja te comunicar? O que quero lhe dizer é que, quando o Arcanjo Miguel gritou o nome do Altíssimo, mesmo que a escuridão da prova pudesse aparentemente cobrir seus olhos, na escuridão da tribulação, Deus veio correndo em seu auxílio e, assim como fiquei com meu filho no colo, assim também Deus pegou Miguel e seus irmãos que permaneceram fiéis, em seus braços.

Sim, talvez você se maravilhe com o que estou lhe dizendo, mas os anjos também são filhos de Deus e, portanto, são chamados a se unirem a Deus assim como você.

Por mais poderoso que o Arcanjo Miguel seja, ele sempre dependerá da proteção e do amor do Senhor. É justamente isso que o faz ser imbatível na guerra contra o mal, pois ele não dá um passo sequer se o Senhor não vier com ele.

De fato, até mesmo o próprio passo da escolha em decidir-se por Deus, não foi mérito exclusivo dos anjos, mas estes foram auxiliados e iluminados pela graça a escolherem o Bem Supremo.

Por perfeita que seja uma criatura, esta jamais superará o Senhor, Nosso Deus. Sua grandeza e poder é excelsa e, portanto, se não é por sua misericórdia e Amor, jamais poderemos nos achegar a Ele. Neste sentido, Tomás de Aquino nos ensina que os anjos ao possuírem intelecto, vontade e deliberação, foram auxiliados pela graça de Deus para que os mesmos escolhessem a vontade divina[17].

Sendo assim, os anjos e, de um modo especial, São Miguel, foram alcançados pelo Deus inacessível. Em um movimento de rebaixamento, Deus Onipotente e Todo-Poderoso, se inclinou e abriu suas asas e acolheu os anjos que permaneceram fiéis a Ele. Debaixo daquela sombra do Altíssimo, os Espíritos Bem-Aventurados encontraram a sua felicidade última e

---

17 Cfr. Tomás de Aquino, *Summa Theologica*, Q. 62, art. 2.

plena. Foram mergulhados no oceano de Amor do Deus Uno e Trino, e santificados pela luz divina.

Talvez podemos nos perguntar: Miguel e seus irmãos entraram em comunhão com Deus por mérito de ter escolhido o Senhor e não ter dado voz ao maligno? Tomás nos ensinará que sim, mas este mérito não está no gesto e nas forças próprias dos anjos, mas na graça derramada em suas essências e a força do auxílio de Deus que veio em ajuda a eles.

Em um movimento de descida, Deus encontrou cada espírito celeste. Estes, ao serem encontrados e auxiliados pelo Amor Divino, se abriram ao Ágape, amando com todo o seu ser. Assim sendo, o que fez os anjos entrarem na glória de Deus e serem santificados, foi a total adesão ao Amor trinitário e este gesto de amor e caridade em relação ao Senhor, deu acesso aos átrios do Altíssimo a todos os Espíritos celestes entre estes, sorridente e feliz, estava Miguel que amou a Deus com todo seu ser[18].

Miguel decidiu habitar no lugar Secreto

Existe um lugar. Existe um refúgio seguro em meio aos perigos dos ventos contrários da provação. Onde ninguém te escuta e nem mesmo os olhos te veem. Onde nem mesmo o som da voz e da sinfonia da música é ouvida. Onde o exterior deixa o lugar para o interior, onde as evidências cedem lugar aos

---

18 Cfr. TOMÁS DE AQUINO, *Summa Theologica*, Q. 62, art.5.

bastidores. Onde a fama é vencida pelo anonimato e as distrações fogem ante ao fulgor do olhar penetrante do Senhor que lê nossos pensamentos e sonda o mais íntimo do ser.

Antes de se levantar para bradar aos outros "quem como Deus?", Miguel pronunciou essas palavras em seu interior. Em um profundo conhecimento de si mesmo, reconhecendo-se uma simples criatura, sua humildade em reconhecer sua pequenez ante a grandeza insondável de Deus, fez com que o Príncipe dos Anjos adorasse no segredo da tenda da sua essência.

Em meio ao caos que se gerou entre as fileiras angélicas, ele e seus irmãos correram para debaixo das Asas do Onipotente, e foi ali que, ao sentir o calor do Amor divino que os guardou do mal, estes permaneceram para sempre em Deus.

Se por um lado os demônios abandonaram o Senhor, os anjos que permaneceram fiéis, escolheram morar para sempre nos átrios do Todo-Poderoso.

Todas as vezes que contemplo esse momento na vida dos anjos e a postura de São Miguel ante aos seus inimigos, me pergunto em relação aos que se rebelaram: como pode alguém decidir abandonar a presença de Deus e virar as costas para o seu Criador? Sim, foi isso que os anjos maus fizeram, eles abandonaram tudo o que tinham, trocaram a sua felicidade pela escolha de viverem a profunda experiência da distância do amor e cuidado de seu Deus.

Todavia é justamente dentro desta indagação que encontramos a distinção entre os anjos bons e maus. Se por um lado aqueles decidiram partir virando as costas para a felicidade para qual foram criados, os outros que permaneceram, entre estes o Arcanjo Miguel, decidiram ficar.

Que lindo! Quando disseram sim, cada espírito bem-aventurado encontrou o deleite de estar na presença de Deus e viver por toda eternidade, mergulhados naquela luz inacessível deste Amor constrangedor, que os ama insondavelmente.

A esse respeito, me recordo do Salmo 27 que diz:

> *"Uma coisa peço ao Senhor, a coisa que procuro é habitar na casa do Senhor todos os dias da minha vida, para gozar a doçura do Senhor e meditar no seu templo, pois ele me oculta em sua cabana no dia da infelicidade e me esconde no segredo de sua tenda" (Sl 27, 4-5).*

O teu Anjo da Guarda, que caminha contigo e te protege desde o momento da tua concepção escolheu, junto com Miguel e os outros anjos, permanecer na casa de Deus. Quando o exército da antiga serpente se levantou contra eles, estes não saíram de um lugar ao acaso para combater, mas sim de dentro da morada do Altíssimo.

O que eu quero neste livro salientar e comunicar a você, é que o "lugar" de onde os anjos saem para guerrear comandados por Miguel, não é o céu em sua vastidão e nem mesmo o cosmos imenso. Antes de batalhar contra o Dragão e seus anjos, Miguel e seus irmãos estavam segundos antes, prostrados adorando a Deus.

Tire, portanto, de sua mente aquela imagem de anjos armados de pé entre as nuvens, vindo e derrubando os demônios. Não é assim que se vence batalhas espirituais. Porque não é nem com armas e nem mesmo com a força do braço, mas no nome do Senhor dos Exércitos (Zc 4, 6).

Prostrado e rendido ao amor de sua vida, Miguel não abandonou a Presença. Seus olhos e seu rosto foram iluminados naquela manhã da eternidade, pelo fogo divino do Espírito Santo de Deus, capaz de colocar em ordem o caos da escuridão da dúvida e do medo. Sua vida a partir de então encontrou o sentido de sua própria existência. Viver para o Senhor, ser d'Ele e para ele, sabendo que tudo concorre para aqueles que amam a Deus.

O que quero te dizer? Quero lhe informar que antes do embate face a face com Satanás, Miguel trazia em seu rosto a luz da face de Deus. Ele ao encarar o inimigo nosso, antes estava contemplando a Deus e adorando-O, declarava que só Ele é Santo e que não há outro fora d'Ele (Ap 15, 3).

Sim, Miguel é habitante do lugar secreto da adoração. Ali ele se derrama na presença do seu

Deus. Sua vida e seu mover está totalmente voltado para o Amor da sua vida. Como vimos antes, o Amor de Deus auxiliou os anjos em sua graça para que estes fossem conduzidos a sua presença.

Logo, cada anjo no Céu, assim como você, experimentou pela primeira vez e para sempre, o Amor grandioso de Deus que os desejou desde a eternidade, para viverem em sua casa.

A decisão do Príncipe dos Anjos, encorajou os outros. Seu testemunho de fé, esperança e amor a Deus, arrastou consigo a maioria de seus irmãos. Como é forte o amor e o bem! Se por um lado, os estridentes passos dos espíritos rebeldes faziam rumores amedrontadores, o silêncio da decisão humilde de Miguel, arrastou a maioria de seus irmãos consigo. Foram mais os que subiram as escadarias do trono de Deus, do que aqueles que caíram no abismo da perdição.

Nesse sentido, Tomás de Aquino nos ensina que a maior parte dos anjos permaneceu, justamente pelo fato da natureza angélica ter sido criada boa, e voltada para o Amor e Bem Supremo. Assim sendo, fica explícito que o pecado dos espíritos caídos, não faz parte do propósito e desejo de Deus. Assim nos explica o doutor angélico:

> *"Mais anjos permaneceram do que pecaram, porque o pecado é contrário à inclinação da natureza; e as coisas*

feitas contra a natureza acontecem em poucos, porque a natureza alcança sempre ou quase sempre seu efeito."[19]

Nesta afirmação, portanto, Tomás nos ensina que os anjos, e também você, foram criados bons e, portanto, por mais que possas se perder, passar por dúvidas e provações na vida, a tua alma, a tua essência desejará, buscará, e terá anseio por voltar àquela fonte que é vida. Sim, teu coração anseia por Deus. Até mesmo aqueles que não creem. No profundo de suas consciências, a saudade do Paraíso e da Luz divina impera em suas essências.

Os que permanecem fiéis a Deus junto a Miguel, foram elevados em sua natureza que já por si mesma tendiam ao bem supremo, isto é, o próprio Deus. Esse mesmo Deus que os criou para sua glória e para fazê-los participar de sua vida.

Criados perfeitos, com a liberdade de escolherem livremente seu Criador, cada anjo, liderado pelo Príncipes Celeste, escolheu a melhor parte. A melhor parte sempre será permanecer na presença de Deus. Mesmo em meio a confusão que se levanta contra nossa vida, o melhor a fazer é correr para a sombra do Onipotente.

Todas as vezes que penso na grandeza de Miguel e de sua total dependência de Deus e no seu divino poder, me vem em mente um trecho do livro dos provérbios que fala a respeito de seres fracos que

---

[19] TOMÁS DE AQUINO, *Summa Theologica*, Q. 63, art. 9.

encontraram refúgio em coisas maiores que eles. A pequenez dessas criaturas frágeis, é absorvida pelo mistério do lugar onde estas decidem viver.

Preste atenção ao texto que segue e façamos deste versículo bíblico uma reflexão a respeito daqueles que, como nossos irmãos do Céu, escolheram se esconder e refugiar no lugar secreto das asas do seu Deus.

O texto nos diz o seguinte:

> *"Há quatro coisas mui pequenas na terra que, porém, são mais sabias que os sábios: as formigas, povo sem força; todavia, no verão preparam a sua comida; os arganazes, povo não poderoso, contudo, fazem suas casas nas rochas; os gafanhotos não têm rei; contudo marcham todos em bandos; a lagartixa que se apanha com as mãos, contudo entra nos palácios dos reis"* (Pr 30, 24-32).

Em primeiro lugar, o autor sagrado nos traz a sabedoria rabínica da antiguidade. Ao citar o reino das formigas, o texto nos lembra da pequenez e fraqueza que esses seres minúsculos possuem em relação a tudo que existe em sua volta. As formigas nos dão uma lição profundíssima: mesmo no mais terrível inverno, elas unidas encontram um lugar escondido na terra. Ali elas se protegem do mais cortante frio. Ao longo das três estações, as pequeninas que passam despercebidas aos outros maiores animais trabalham todas juntas, para estocar o alimento e preparar a reprodução do formigueiro. Mesmo sendo fracas, elas encontram a força de juntas vencer as adversidades da existência. Vencem juntas e morrem unidas.

A mesma coisa aconteceu com os anjos. Quando o inverno da dúvida e da rebelião comandada pelo Maligno tentou esfriar o fogo de adoração no Céu, Miguel e seus irmão todos unidos, reuniram tudo o que tinham e guardaram, o "alimento" espiritual concedido pela graça divina, para que fossem sustentados pelo próprio Deus. O reconhecer-se fraco e dependente, fez com estes encontrassem um lugar onde se esconder e se alimentar, no silêncio mais profundo da criação. Onde? Na sala do trono!

Os arganazes, por sua vez, são uma espécie de roedores que habitam as estepes da Terra Santa. Pequenos e não sendo poderosos, esses pequenos animais, são expostos aos mais variados predadores, como serpentes, pequenos felinos e lobos. Não possuem uma pele dura como couraça e nem mesmo um mecanismo de defesa capaz de repelir os ataques de seus adversários. O que garante a vida destes, todavia, é que, ao reconhecerem povo sem força, se esconde nas rochas!

Fazer sua morada na rocha, e se esconder em uma gruta, é a estratégia mais segura para fugir da tempestade de areia do deserto, das grandes tempestades, de tufões e até furacões que devastam ao redor. Por mais que os lobos selvagens e os chacais tenebrosos possam lhes incutir o medo, ao se refugiaram nas rochas, os arganazes encontram, o refúgio seguro para poder resistir.

A mesma coisa acontece até hoje com Miguel e os anjos no Céu. A mesma situação pode acontecer com você. Quando o Dragão poderoso se levantou para com sua calda arrastar consigo um terço da parte dos anjos, a maioria que se opôs, não o enfrentou por si mesmos, mas se refugiou na rocha do Amor de Deus e na fortaleza de sua bondade.

Como os pequenos arganazes, São Miguel conduziu seus irmãos para encontrarem no Senhor a sua única fonte de proteção. E você também ao ler estas linhas pode fazer a mesma escolha. Se por acaso tens passado por tempos em que os ventos são contrários, e as tempestades parecem querer te destruir, São Miguel te ensinará o lugar seguro para onde se refugiar. E junto com o salmista professar:

> *"Tu que habitas sob a proteção do Altíssimo, que moras à sombra do Onipotente, dize ao Senhor: Sois meu refúgio e minha cidadela, meu Deus, em que eu confio." (Sl 90, 1).*

Quando Miguel e os anjos do Céu fazem do Altíssimo a sua proteção, eles entram nesta bem-aventurança que é morar na casa de Deus e ao mesmo tempo permanecer dentro desta rocha. Por isso, quando Miguel grita: "Quem Como Deus?", ele e seus irmãos não o fazem como quem está perdido, abandonado e exposto ao perigo. A voz de Miguel ecoa de dentro da casa de Deus. refugiado no Senhor sua coragem em enfrentar as hostes celestiais o faz imbatível. Lindo, não é?

O brado de Miguel ecoa de dentro da casa de Deus e faz a tempestade calar, e o Dragão soberbo tremer. Ele não tem poder algum, e Satanás o sabe. Mas o inimigo de Deus também treme ao ter consciência que Miguel não tem medo e vergonha de reconhecer isso. Sua humildade de se refugiar e se esconder em Deus, destrona e faz despencar do seu pedestal o maior de todos os anjos!

O terceiro animal que o texto de Provérbios nos fala são os gafanhotos. Eles não possuem reis, mas voam unidos. Aqui podemos fazer o paralelo com os anjos. Em toda a iconografia, veremos os anjos sempre juntos, seja quando adoram, seja quando batalham. Todavia mesmo estando em tantos, estes não possuem reis entre eles, porque o único Rei a quem os anjos obedecem, é aquele que está assentado no trono. Suas essências possuem total atenção voltada para o seu Criador, eles, harmoniosamente e em unidade profunda, cumprem os desígnios de Deus em perfeita comunhão!

Por fim, me detenho no exemplo que o autor de provérbio nos dá sobre as lagartixas. De fato, as lagartixas são pequenas e até mesmo causam uma certa repugnância a muitos. Sua fragilidade e pequenez porém as fazem entrar nas casas e não somente: nos palácios dos reis. Veja a profundidade desta reflexão: a humildade e a pequenez, te fará entrar no palácio, na sala do trono e presenciar o que os grandes jamais poderão entender e viver.

Eu quis usar o exemplo dado por Provérbios a respeito da fraqueza, pequenez, unidade e humildade, para exaltar que Miguel possui estas virtudes. Ele sabe que sua falta de poder o faz construir sua vida no Todo-Poderoso, Rocha inabalável. Sua pequenez encontra abrigo seguro em tempos de provação e de incertezas. Sua humildade lhe dá acesso a sala do Rei dos Reis!

Isso é viver no lugar secreto. Habitar com Deus é reconhecer tudo isso e os Anjos nos ensinam o caminho certo e seguro para não se perder como os outros que se deixaram levar por suas vãs vaidades de esquecer que o que importa é estar na presença do Senhor!

Miguel e os anjos santos decidiram morar com Deus. Eles acolheram o chamado do Criador de viverem em seus átrios. Portanto, neste sentido, podemos afirmar que o Céu para Miguel é a sua casa, e que sua família são seus irmãos celestiais, e sua origem é a Trindade Santa, que em um gesto de Amor insondável desejou também que você, que agora lê estas linhas, fosse contado entre os que ali habitam.

Prestou atenção ao que eu te disse agora? Sim, você é da família do Céu. Miguel e todos os anjos bem-aventurados são teus irmãos. Eles todos intercedem por ti para que um dia seus pés sujos do pó desta Terra, pisem as escadarias do trono da Graça!

O Arcanjo Miguel é habitado pela Luz de Deus

Gosto de usar exemplos em analogia para compreender os mistérios maiores. Isto aprendi com a teologia bizantina, com um autor muito caro ao meu coração: Nicola Cabasilas.

Para ele não conseguimos na plenitude falar sobre as coisas espirituais. O que podemos fazer é somente a experiência desta mesma realidade, mas sendo que necessitamos de algo sensível para aprender determinadas coisas, então podemos usar exemplos concretos da vida, que nos remete às realidades de Deus[20].

Por exemplo, enquanto estou escrevendo estas linhas. Nesta manhã, acendi uma vela diante da imagem de São Rafael Arcanjo, para lhe pedir que me ajudasse a falar melhor sobre seu irmão Miguel e que me ensinasse sobre o mistério escondido da realidade angélica. É claro que um anjo não apareceu para mim e nem mesmo possuo esses dotes, graças a Deus. Mas, enquanto estou escrevendo, agora contemplo a pequena vela que acendi. Sua chama é pequenina e frágil. Com um sopro posso apagá-la e terminar com sua luz.

Mas, o que me chama atenção é que mesmo sendo pequena, aquela chama insiste em iluminar. Ela não se rende a imensa escuridão que a envolve. Seu combustível é a cera da própria vela, que se con-

---

[20] N. CABASILAS, *La Vita in Cristo*, IV, 617 B, 226.

some e vai diminuindo o seu tamanho e, mesmo sabendo que de alguma forma está se perdendo, a vela não para de queimar, e de querer iluminar.

Quando o sol bateu na janela esta manhã, a luz do astro das alturas, invadiu a escuridão e iluminou meu quarto.

Assim foi no Céu. Quando as trevas pareciam dominar, a chama de amor que ardia no íntimo de cada anjo não parou de arder em suas essências. Quando o anjo já não tinha por si mesmo a luz própria, uma luz brilhou sobre eles e se fez presente. A luz venceu as trevas, e os anjos entraram na imensidão de fogo que ilumina todos nós.

Em meio as trevas, a luz brilha e dissipa a escuridão. A luz inacessível que ilumina toda criatura invisível e visível é próprio Deus. É o Verbo Divino, o Filho de Deus, a Segunda Pessoa da Trindade, isto é, Jesus Cristo. Faz sentido, portanto, a passagem dos Evangelhos em que o próprio Cristo afirma:

"Eu sou a Luz do mundo, quem me segue não andará nas trevas, mas terá a luz da vida" (Jo 8, 12).

Já aqui, entendemos que Miguel, ao dizer sim a Deus junto a seus irmãos, seguiram ao Senhor na pessoa de Jesus, e, portanto, este seguimento, este "discipulado", na eternidade fez com que o Príncipe dos Anjos não se perdesse com seus irmãos. Ao dizer sim ao Verbo Divino e o mistério da sua encarnação,

Miguel recebeu esta luz da vida. Luz esta que ilumina o ser e o introduz na vida eterna.

Pleno do Espírito Santo de Deus

Ao longo dos séculos, de um modo muito específico, a tradição oriental viu essa luz como a manifestação da vida divina manifestada no Espírito Santo. Ao dizer também que os anjos possuem a luz de Deus, estamos afirmando que estes caminham sob a luz do próprio Filho, que é centro da vida angélica.

Ao segui-Lo e ao deleitar-se desta companhia perene, São Miguel também experimenta a graça do Espírito Santo, que é fogo abrasador, que ilumina as mais densas trevas da vida. E inflama de amor a existência de cada ser que a Ele possui, e tem a coragem de fazer de si mesmo templo e morada deste Deus que se derrama como dom seja em nossos corações bem como no íntimo de cada ser espiritual.

Chamo ainda mais a tua atenção para algo que possa passar despercebido. Essa luz não pode ser simplesmente entendida como uma espécie de farol, que ilumina de longe os barcos que se achegam perto das encostas dos portos. Deus quando se manifesta às suas criaturas racionais, as iluminam de dentro para fora, como lâmpadas, como lampiões, que não possuem luz própria, mas carregam a luz dentro de si.

De novo, vejo importante recorrermos a exemplos sensíveis para entendermos o que se esconde além do símbolo. Por exemplo:

Nos tempos bíblicos, seja no antigo bem como no Novo Testamento, o que iluminava uma casa eram as lamparinas. Essas possuíam em si o azeite que se dava como combustível para que o fogo queimasse. Estes pequenos recipientes de barro davam combustão e, assim, a luz se fazia presente.

Se você pegasse uma lamparina e a dissesse acende, ela não o faria porque em sua essência, tal objeto, não possui luz própria. Não seria possível a luz brilhar se aquela lamparina não estivesse cheia de azeite. O azeite é um dos símbolos do Espírito Santo para nós cristãos[21]. Portanto, por meio deste exemplo teológico, eu o quero comunicar algo profundo e surpreendente:

O Príncipe dos Anjos é como uma lamparina em meio às trevas, mas que não possui luz própria. Ele carrega em si, por adesão a Deus, o óleo da unção e da presença de um Deus que não abandona o interior de seus filhos. Miguel é cheio do Espírito Santo e, por isso, queima e ilumina como uma lamparina, como um lampião que indica o caminho para os que ainda nas provações desta vida terrena caminham peregrinando auxiliados pela graça para enfim contemplarem a face de Deus.

---

21 Cfr. DICIONÁRIO DE FIGURAS E SÍMBOLOS BÍBLICOS, 20.

A terceira Pessoa da Santíssima Trindade, isto é, o Divino Espírito Santo é dom total de Deus. Este mesmo dom é comunicado as criaturas racionais e, portanto, se dá também aos anjos assim como a nós seres humanos.

A profissão de fé niceno-constantinopolitano, professada por toda a tradição cristã, afirma o seguinte:

> *"Creio no Espírito Santo, Senhor que dá a vida e que procede do Pai e do Filho e com o Pai e o Filho é Adorado e Glorificado, Ele falou por meio dos profetas".*

Essa vida comunicada por Deus por intermédio do seu Espírito, é a vida beatifica, ou aquela a que chamamos de vida eterna e vida verdadeira. No mistério da Trindade as Pessoas divinas se comunicam entre si e com suas criaturas. De todas as coisas criadas, somente duas realidades desta criação possuem a centelha do intelecto, gozando, portanto, de liberdade de escolha e de vontade.

A estas criaturas, sejam as espirituais (anjos) e nós seres compostos de matéria e espírito, Deus derramou o seu Espírito e comunicou a sua graça. E, por isso, que cada criatura, seja ela angélica ou humana, é assistida pelo Espírito.

Sendo assim, o mesmo Espírito Santo, que coloca em ordem o caos (Gn1, 1) e ilumina a mais terrível noite, também arde nas essências de cada anjo no Céu, e, por sua vez, em Miguel, que cheio do poder de Deus, enfrenta todo o mal.

A verdade de fé que professamos nos dá esta segurança, que os dons que possuímos, sejam eles para serviço do próximo e da igreja, bem como para a nossa própria santificação, provém do Espírito de Deus.

Nesse sentido, podemos então afirmar a partir da própria missão que os seres celestes exercem em nosso favor, que estes são auxiliados também pelo Espírito Santo. Os dons de libertar (Miguel), de Curar (Rafael), de fortalecer e anunciar (Gabriel), não são provenientes destes mesmos seres, mas de Deus que, em Jesus Cristo, derrama seu Espírito. Já nos ensinou Agostinho:

> "O Espírito Santo é o Dom de Deus para todos aqueles que por meio d'Ele amam a Deus."[22]

Prestou atenção nos detalhes? O dom de amar a Deus e ao próximo é fruto da ação do Espírito Santo. Logo, como aprendemos no início deste livro, os Anjos amam a Deus e a seus semelhantes e a nós. E é por causa deste amor que nossos irmãos liderados por São Miguel, permaneceram fiéis e escolheram ao Senhor.

Portanto, o mesmo Espírito que o apóstolo Paulo diz que foi derramado em nossos corações e que nos lembra que somos filhos de Deus, também impulsionou o Arcanjo Miguel a bradar: "Quem Como Deus?"

---

[22] SANTO AGOSTINHO: *De Trinitate*, XV 19, 35.

Sendo assim, Miguel e seus anjos, quando saem para a batalha contra os nossos inimigos, não o fazem por si mesmos, mas na força do Espírito, animados e fortificados por Ele, enfrentam qualquer mal por amor a Deus e a você!

Com Miguel aprendemos que o bem sempre vencerá o mal. Essa vitória não acontece com alardes e nem mesmo com espetáculos, mas sim com o singelo viver e com a coragem de simplesmente ser si mesmo.

O rumor feito pelos maus busca, às vezes, sufocar o anonimato dos bons que, escondidos em seus cotidianos, santificam o mundo e fazem dos bastidores da vida o espetáculo da existência silenciosa do Bem que vence a escuridão.

É por isso que os anjos, e de um modo especial os anjos da guarda, não fazem rumores e muitas vezes passam despercebidos aos nossos sentidos da alma. Isso porque, para os anjos, o que conta não são os louros dos méritos, mas a glória de Deus e o seu louvor para sempre.

Miguel e Virgem Maria

Já aprendemos que o Arcanjo Miguel, príncipe e primeiro entre seus irmãos celestiais, enfrentou o Dragão infernal por causa do mistério da encarnação. A encarnação é Missão do Filho de Deus em se fazer homem. Por causa dela desencadeou-se a revolta dos anjos que caíram.

Se pararmos para pensar, o que motivou a luta entre os anjos bons e maus, foi a existência do ser humano, sonhado desde a eternidade. Portanto, a causa desta guerra tem sua origem no querer de Deus em ter você, eu, no Céu. Entre os anjos o mais alto entre todos a que a tradição chamou de Lúcifer, disse não! Não aceitarei que um ser inferior a mim em natureza seja elevado a mesma condição nossa e tenha acesso a face de Deus.

O primeiro ódio nasceu. Os demônios não desejaram a nossa criação. E, querendo colocar-se no lugar de Deus e ditar o que o Senhor deveria fazer, caíram em suas vãs presunções. Mas, o que me chama atenção em todo este mover nos céus, é que, mesmo sem compreender na plenitude o que seria Deus feito carne, Miguel e todos os anjos que permaneceram, disseram sim!

Em poucas palavras, sem nem conhecer e atémesmo antes da criação dos nossos primeiros pais no Éden, Miguel amou e foi por amor que ele, para defender a vontade de Deus, expulsou o Dragão e seus anjos do Paraíso.

O capítulo 12 de Apocalipse tem muitos detalhes. E desejo salientar alguns. João afirma:

"Houve um sinal grandioso no céu, uma mulher vestida com o sol e a lua debaixo de seus pés" (Ap 12, 1).

Essa visão é prefiguração da Igreja, que caminhando entre dores de parto, está para dar à luz e que é perseguida pelas hostes infernais. Mas, também, a Igreja sempre olhou para esse texto como uma imagem da Virgem Maria, que sendo inimiga da Serpente desde o princípio deu à luz a um menino, filho de Deus, que regerá todas as nações com cetro de ferro (Ap 12, 5).

Na batalha da visão de João existem alguns protagonistas da narrativa: a Mulher, seu filho, o Dragão e seus anjos, e Miguel e seus anjos. À medida que a cena vai se desenrolando, vemos algo tenebroso. Uma mulher grávida, entre as dores do parto, e um ser horrível e amedrontador que possui forças e um certo poder. Ele comanda um exército de anjos caídos, que desejam destruir a mulher e seu filho.

O autor sagrado nos deixa uma pista de quem é na verdade esse Dragão. Ele nada mais é do que a antiga serpente do livro de Gênesis.

No capítulo 3, 16 ao ter tentado os nossos primeiros pais, o Diabo seduziu-os e os levou ao pecado. A mesma astúcia que ele usou entre os anjos no Céu, o fez também na Terra contra os filhos de Deus, criados a sua imagem e semelhança, isto é, Adão e Eva.

Veja que o princípio do pecado original foi a soberba e o orgulho de ambicionarem ser como Deus. Preste a atenção no texto que segue:

> *"A serpente disse a Mulher: não morrereis, mas Deus sabe que, no dia que dele comerdes, vossos olhos se abrirão e sereis como deuses versados no bem e no mal" (Gn 3, 4-5).*

Pois bem, o desejo de ser como Deus que habitava o interior dos anjos rebeldes, foi agora comunicado e aceito pelos nossos primeiros pais. Ora, a origem do pecado original reside justamente nisto: em querer conhecer e decidir o que é bom e o que é mal, logo, se colocar no lugar de Deus para, soberbamente, ditar e julgar o que se deve ou não fazer. A tentação, portanto, desencadeada por nosso maior inimigo, foi aquele que o fez cair das alturas. Seu ódio estava escancarado, ele, nosso inimigo desde o princípio, desce aqui para destruir os planos de Deus para a humanidade.

Ele tem como objeto por primeiro Eva, a mãe de todos os viventes. Isto é muito significativo, quando olhamos que a palavra mãe, em latim, é *mater* (matéria), quer dizer "aquela que dá a vida, a matéria para que a perpetuidade do gênero humano continue". Ora, destruindo a mulher, você destrói a humanidade inteira.

É por isso que, ao longo da história humana, a mulher sempre foi atacada e odiada por Satanás e seus demônios.

Sabemos que, ao longo dos séculos, as mulheres sofreram muito em sociedades que as trataram como seres inferiores, como, por exemplo, na cultura helênica-grega. O próprio Aristóteles chegou a afirmar que a mulher é de natureza inferior ao homem, seja em sua essência, bem como em suas funções na sociedade[23].

Mas, a serpente não tem todo o poder, como muitas vezes corremos o risco de lhe atribuir. O mal personificado no mundo não pode jamais ser a desculpa para tirar nossa liberdade de escolha pelo bem Supremo que é Deus.

Ao tentar nossos primeiros pais, Satanás achou que colocaria fim ao gênero humano. Mas ele mesmo se surpreendeu com a promessa feita da boca de Deus que um dia a descendência daquela mulher iria destruir os planos malignos de morte e destruição:

> *"Porei inimizade entre ti e a mulher, entre a tua descendência e a dela, ela te esmagará a cabeça e tu lhe ferirás o calcanhar" (Gn 3, 15).*

Os nossos primeiros pais viraram as costas para Deus, mas Deus jamais deixou de buscá-los e de se fazer presente, seja pelas alianças e sacrifícios antigos, seja também em sua providência. Mas, a sentença da derrota de Satanás foi dada para a vergonha do próprio inimigo, na presença do ser humano que ele tentou destruir.

Veja que forte essa mensagem. Quando Lúcifer se corrompeu no Céu e lutou contra os anjos buscando a perdição destes, Deus não fez uma promessa de destruição e aniquilação de seus planos. O Senhor

---

23 Cfr. ARISTOTELES, *Pol.* I, 5, 1254b, 13-14.

não deixou esta missão ao Arcanjo Miguel e nem mesmo aos anjos que permaneceram, mas fez a menor das criaturas a quem o próprio Diabo desdenhou e desejou sua destruição.

Sim, será por um calcanhar de carne que o Filho da descendente de Eva, isto é, Jesus, o filho de Maria, esmagará e colocará fim aos planos das trevas quando este se entregar e dar a sua vida naquela cruz. Sim, a humanidade desprezada pelos anjos caídos será assumida, mais tarde, pelo Filho Unigênito de Deus e seu reino de Amor vencerá a morte e todo o ódio.

Existe uma mensagem escondida nesta reflexão. A queda última do Dragão infernal se dará por intermédio do Verbo encarnado, a quem o Diabo tanto desdenhou e se recusou em segui-Lo. A derrota do mal não vem de cima para baixo, mas de baixo para cima, no sentido que a promessa de sua derrota se encerra na criatura frágil, feita de pó de terra e que em comparação aos anjos, não possui poder algum. A beleza escondida nessa promessa nos revela que, mais uma vez, Deus confunde os sábios e os fortes por meio dos pequeninos e fracos.

É no cântico da Virgem, descendente de Eva, quando esta se detem nas batentes da porta de Isabel, que encontramos a verdade a respeito da humildade que vence os soberbos:

"Derrubou do trono os poderosos, despedaçou, desconcertou os corações soberbos e exaltou os humildes. Despediu

os ricos de mão vazias e acolheu a Israel, lembrado de sua misericórdia" (Lc 1, 46ss).

O segredo para vencer todo mal e confundir os inimigos está em ser si mesmo. Sem nenhuma pretensão de ser aquilo que não é. O pecado dos anjos que caíram foi a ilusão de se acharem superiores a Deus e aos outros. Eles ficaram presos em suas funções e não na essência da própria existência, que é o de ser mais do que fazer e possuir. É por isso que um coração contrito e arrependido o Senhor não rejeita (Sl 50), porque este já entendeu o abismo de sua miséria e pequenez que clama por misericórdia e auxilio do Céu.

Não é a posição que você ocupa que te fará santo, nem mesmo as capacidades naturais que ao longo da existência recebemos. O que conta é um coração e alma rendidas a Deus, sabendo que Ele é Único que está acima de todo nome e que debaixo de suas asas encontramos a nossa felicidade verdadeira.

O cântico do *magnificat* nos ensina sobre o bem que vence o mal, não com rumores e espetáculos, mas com o silêncio do cotidiano, da existência, supera toda vaidade vazia que não leva a nada.

A virtude da humildade será sempre o remédio contra o vício da soberba. Maria nos ensina que por mais que os poderosos aparentam ser fortes e invencíveis, Deus os destrona de suas concepções errôneas de si mesmos, e estes, que possuíam os braços fortes para oprimir os pobres, agora são despedaçados ao caírem da torre de babel que construíram em prol de suas próprias vãs convicções.

É sempre Deus que vence, seja entre os anjos, seja entre os homens. No Céu, o Deus Espírito venceu, na Terra ele assume a natureza humana para também, aqui embaixo, destruir as artimanhas do inferno!

Como no início das Sagradas Escrituras uma serpente tentou destruir a mulher e suas descendência, agora, no último livro da Bíblia, encontramos o mesmo embate do bem contra o mal.

O plano de assassinato de uma criança foi orquestrado. A intenção do inimigo é fazer que aquela criança morra em seu nascimento. Mas Deus o leva para o Céu e a mulher é levada para o deserto tendo ela recebido um par de asas para voar para o lugar reservado por Deus para ela. É justamente neste plano de assassinato que intervém Miguel.

> *"Houve uma batalha no céu: Miguel e seus anjos guerrearam contra o Dragão. O Dragão batalhou juntamente com seus anjos, mas foi derrotado e não se encontrou lugar para ele no céu. Foi expulso o Dragão a antiga serpente, o chamado Diabo ou Satanás, sedutor de toda a terra habitada foram expulsos para a terra e seus anjos expulsos com ele" (Ap 12, 7-9).*

Nesse sentido, algo liga Miguel e seus anjos com a Virgem Maria. Por um lado, a mulher que está dando à luz em dores de parto, vê diante de si o Dragão posicionado pronto para lhe devorar a criança. Do outro lado, contemplamos Miguel que ao combater o Maligno, atribui a vitória a Deus e não a si a seus anjos. Ele não reivindica para si, o mérito de ter vencido o Dragão, mas devolve o reconhecimento a Deus quando diz: "Quem como Deus?"

Em um primeiro momento, essa batalha no Céu que o texto nos apresenta, faz referências também a primeira grande batalha entre os anjos, implicitamente a tradição viu aqui que a queda então desses anjos, que se tornaram demônios, se deu por causa do filho de Deus que nasceria de uma mulher. É por causa justamente deste menino, que regerá as nações com cetro de ferro, que a guerra desencadeou.

Ao mesmo tempo, essa batalha também é mais que atual, porque o inimigo de Deus e dos anjos agora se torna escancaradamente nosso inimigo. Mas, calma, você não está sozinho nesta guerra!

Existe uma ligação profunda e um amor imenso, que nos liga aos anjos por intermédio deste menino Deus que nasceu da Mulher vestida de sol, que é a Virgem Maria. A ligação está no fato que essa carne que você possui, esse coração que bate no seu peito, essas mãos que folheiam este livro, foram assumidas pelo Deus Todo-Poderoso, em Jesus Cristo.

Logo, a partir do momento da encarnação do Verbo de Deus, os anjos que O adoravam na sala do Trono da Trindade Santa, agora O adoram no estábulo na noite de Natal, cantando para nós que nasceu um Salvador e que a glória de Deus agora ilumina o mais escuro da noite de cada ser humano.

Até aqui você aprendeu que a vida dos anjos e de São Miguel é cristocêntrica, isto é: os anjos adoram o Filho de Deus antes da encarnação e depois. O princípio de sua existência se encontra na Palavra de Deus, como diz o Apóstolo Paulo:

> *"Porque nele foram criadas todas as coisas nos céus e na terra. As visíveis e as invisíveis: Tronos, Soberanias, Principados e Potestades. Tudo foi criado por Ele e para Ele"* (Cl 1, 15-16).

Ora, se os anjos possuem como origem aquela criança que nasceu daquela Mulher do Apocalipse, e que se encarnou e se fez homem, e veio habitar em meio a nós, logo, possuímos a mesma origem que nos faz ansiar e ter sede pela mesma fonte. O que quero dizer? Que o mesmo inimigo, que no Paraíso celeste negou a servir a Deus e seu Filho, no Espírito Santo, e se tornou inimigo mortal dos anjos bons, agora é o mesmo inimigo que tenta destruir nós, irmãos dos anjos, em Jesus. Por isso, a guerra já não é somente da parte de um lado só. Os anjos, a partir do primeiro momento da queda do homem, por sedução da serpente no Éden, se tornaram também nossos aliados em combater um inimigo comum!

Que profundo não é mesmo? Quando Miguel lidera os anjos contra o Dragão por causa da Mulher e do seu filho, ele não está simplesmente lutando com um desconhecido que de seja destruir a humanidade.

Miguel ao enfrentar o Maligno, está entrando em batalha contra o seu inimigo que, de um lado, corrompeu uma terça parte dos anjos no Céu e que deseja fazer o mesmo com os homens e as mulheres criados na Terra.

O mesmo Miguel que defendeu a glória de Deus nas Alturas, desce com seus anjos para defender a glória de Deus aqui embaixo na Terra!

Neste sentido, algo liga Miguel e seus anjos, com a Virgem Maria. Por um lado, a mulher que está dando à luz em dores de parto, vê diante de si o Dragão posicionado pronto para lhe devorar a criança. Todavia, o texto não nos revela uma mulher desesperada e preocupada com o Dragão. Sua confiança, pensamentos e vida, estão totalmente unidos a Deus que, em seguida, salvará a mãe e a criança. É essa a confiança que a mulher apresenta, representando também a Igreja em tempos de provações.

Por outro lado, contemplamos Miguel, que ao combater o maligno, atribui a vitória a Deus e não a si e a seus anjos. Ele não reivindica para si o mérito de ter vencido o Dragão, mas devolve o reconhecimento a Deus quando diz:

> *"Agora se realizou a salvação, o poder e a salvação do nosso Deus e a autoridade de seu Cristo, porque foi expulso o acusador..." (Ap 12, 10).*

Veja que a voz que grita, celebra a vitória do Altíssimo. Em nenhum momento é atribuído êxito da expulsão de Satanás e seus anjos do Céu, aos anjos bons que permaneceram fiéis a Deus. Quem libertou e salvou foi o próprio Senhor, que agindo através de sua Graça por intermédio dos anjos comandados por Miguel, prostrou do Céu o nosso inimigo.

Expulso do Paraíso, Satanás e seus anjos desencadearam a guerra de ódio contra a descendência da mulher:

> *"Ao ver que fora expulso do céu para terra, o Dragão pôs a perseguir a Mulher que dera à luz o filho varão" (Ap 12, 13).*

Como não fazer memória do que aconteceu no dia do nascimento de Nosso Senhor, em Belém? Quando Herodes, por medo do recém-nascido, filho de Maria, manda matar os santos inocentes? E a Virgem com seu filho e José precisaram de ir às pressas para o Egito para fugir da maldade do Tirano? Veja que os paralelos aqui nos ensinam muito. Lembre-se que, quando Herodes buscou matar o menino, Deus enviou um Anjo para despertar José e conduzi-lo até o Egito:

> *"Eis que o Anjo do Senhor se manifestou em sonho a José e lhe disse: Levanta-te, toma o menino e sua mãe e foge para o Egito. Fique lá até que eu te avise, porque Herodes procurará o menino para matá-lo" (Mt 2, 13-14).*

Quem é esse Anjo que avisa sobre Herodes e conduz a Sagrada Família até o Egito? Veja que o texto fala em Anjo do Senhor. Diferentemente do evangelho de Lucas, que nomeia Gabriel, aqui, não é revelado o nome. Alguns santos e teólogos medievais, sempre viram na figura do Anjo do Senhor, a pessoa do Arcanjo Miguel[24].

Não quero aqui fechar esta discussão, mas se é Miguel podemos já vê-lo protegendo o menino e a mãe assim como o fez no Apocalipse. E se não for Miguel? Não tem problema, o que importa é que um anjo, alguém que lutou contra o Dragão no Céu, está agora na Terra protegendo o Filho de Deus feito homem, sua mãe e seu pai adotivo! Por que um anjo estaria aqui? Porque o inimigo que tenta matar Jesus e você é o mesmo inimigo dos Seres celestiais!

Percebe a força que tem esta consciência? Não é por acaso que você tem um Anjo da Guarda e a intercessão de todos os anjos do Paraíso. Pare de pensar que em tuas batalhas você está sozinho. Não! Uma multidão de seres de luz e poder oram por ti e estão à tua disposição.

Miguel sempre estará ligado a Virgem Maria e ao seu Filho. Este mesmo Jesus que Maria carregou em seus braços, te salvou e te tornou herdeiro com Ele. Logo, sua mãe entregue na tarde daquela Sexta-Feira Santa debaixo da cruz, é tua mãe. Sim, você, em Jesus, faz parte da promessa de esmagar a cabeça dos inimigos que tentam contra a tua vida!

---

24 Cfr. Bruno MAGGIONI, *Michele e gli Angeli nelle Scritture*, in Antonio SALVATORI, *Il faro di San Michele tra angeli e pellegrini*, Edizioni Rosminiane, Stresa 1999, p. 27.

Miguel também lutará por ti e por tuas intenções mais íntimas do coração. E, quando tudo parecer estar perdido, a mesma unção que cobriu os anjos bons repousará sobre a tua vida!

Tenha fé! O Príncipe dos Anjos te ama.

CAPÍTULO IV

O ARCANJO MIGUEL NAS SAGRADAS ESCRITURAS

O Encontro de dois príncipes guerreiros!

Fazia-se mais de quatrocentos anos que os descendentes de Abraão se encontravam escravos no Egito. O clamor do peso da servidão subiu aos céus. Deus, em sua infinita Misericórdia e Amor, não foi indiferente aos sofrimentos de seu povo.

Certo dia, um pastor de ovelhas pastoreava seu rebanho entre as montanhas. Quem o visse de longe o confundiria com mais um dos nômades do deserto do Horebe. Mas, aquele homem escondido em meio aos trapos, não era um mero criador de ovelhas. Seu passado não muito distante revelava suas grande culpa de assassinato, mas ao mesmo tempo mostrava o sentimento de fracasso, de alguém que fugiu do Egito como um fora da lei. Seu nome: Moisés.

Esse homem fora criado pela filha do faraó, mas sua origem não era egípcia, e sim israelita. Ele descendia de Abraão e agora já fazia 40 anos que havia se acostumado a se esconder de si mesmo e da face de seu Deus. Moisés foi criado como príncipe no Egito. Sua educação era para que este quando crescesse pudesse liderar e ter um nome talvez até mesmo uma pirâmide em sua honra, como faziam os grandes faraós.

Tudo foi por água abaixo quando ele, buscando proteger um escravo inocente, assassinou o carrasco e o sepultou na areia. Moisés sucumbiu ao seu falimento. Ele fracassou em sua missão. Os anos de anonimato naquele deserto, o fizeram se esquecer até mesmo da voz do seu Deus.

Um dia, enquanto procurava pastos para suas ovelhas, foi além do deserto. Em um determinado momento, o príncipe que fracassou viu uma luz brilhando do meio de um arbusto. Era uma sarça. Ele se aproximou e ficou maravilhado que o fogo não consumia a planta, e a luz que dali saia o envolveu de uma maneira tão forte que ele foi atraído para mais perto.

Quando se aproximou, escutou a voz do Todo-Poderoso que falou, por intermédio do Anjo que estava no meio do Fogo, chamando-o pelo nome: Moisés! Você pode imaginar o susto que o estrangeiro naquelas terras sentiu. Talvez tenha passado pela sua cabeça: me descobriram! De fato, desde que fugiu do Egito, o Deus de seus Pais nunca deixou de pousar seu olhar sobre a sua vida. e assim dois príncipes se encontraram, um vestia roupas de pastor de ovelhas e portava um cajado na mão. O outro, estava de pé no meio do fogo que não consumia a sarça.

Com voz forte o Anjo do Senhor lhe disse:

"Moisés, Moisés!". "Eis-me aqui!" – Respondeu ele. E Deus: "Não te aproximes daqui. Tira as sandálias dos teus pés, porque o lugar em que te encontras é uma terra santa" (Ex 3, 4-5).

O Anjo do Senhor que chama Moisés do meio da sarça é, segundo a tradição judaico-cristã antiga, o

Arcanjo Miguel[25]. Ele, Príncipe dos Anjos, é enviado por Deus para preparar o libertador de Israel, para conduzir o povo da terra da escravidão para a terra prometida. Uma escola foi montada no deserto.

O campeão dos céus, que por sua fidelidade colaborou com Deus para a derrota dos inimigos do Senhor, agora foi enviado pelo Altíssimo para liderar e ensinar Moisés a se tornar um líder segundo o coração de Deus.

O primeiro ensinamento que o Anjo entrega a Moisés é: Se aproxime do Senhor. Não importa o lugar por onde você andou. Nem mesmo implica o que você perdeu. O que conta de verdade é que Deus conhecia os passos de Moisés assim como conhece os teus. Por isso, o Anjo o chama pelo nome e o faz ajoelhar na presença Deus, que está queimando de amor por aqueles seus amados.

---

25 O Rabino Rambam (1194-1254) nos ensina: "Nossos rabinos disseram em Bereshith Rabbah: "Anjo. Isso se refere ao anjo Miguel. Onde quer que Rabi Yosei Ha'aruch fosse visto, as pessoas diziam: 'Lá está Rabeinu Hakadosh. Da mesma forma, onde quer que o anjo Miguel apareça, também está presente a Glória da Presença Divina. Os rabinos pretendiam dizer que, a princípio, o anjo Miguel apareceu a Moisés, e havia a Glória da Presença Divina, mas Moisés não viu a Glória, pois não havia preparado devidamente sua mente para a profecia. Quando ele devidamente preparou seu coração para isso *ele se virou para ver*, então a visão da Presença Divina se revelou a ele, *e Deus o chamou do meio da sarça*" . Cfr. COMENTÁRIO SOBRE A TORÁ POR RAMBAN (NACHMÂNIDES). *Traduzido e anotado por Charles B. Chavel. Nova York*, Shilo Pub. Casa, 1971-1976, Ex 3.

Ao chamar Moisés pelo nome, o príncipe egípcio deserdado responde prontamente: eis-me aqui! A voz que ainda fala lhe diz que escutou o clamor de seu povo e, por isso, havia escolhido Moisés para voltar na terra de sua vergonha e tirar o povo das mãos do tirano.

Mas, antes de fazê-lo, o Anjo do Senhor grita para que Moisés tire as sandálias dos pés porque o lugar em que ele pisava é santo. Tirar as sandálias na presença de Deus significa despojar-se de toda segurança e proteção que não venha do Senhor.

A voz do anjo que fala do interior da sarça, convida Moisés a se render totalmente ao Deus de

Abraão. Você já andou descanso no horário do maior calor do dia, na areia da praia? O desconforto e o risco de queimar os pés é iminente. Ora, como alguém pode pedir a outro que descalce a sandália dos pés diante de um arbusto que está queimando e, ao mesmo tempo, em um terreno em que a areia do deserto queima?

Existe um mistério escondido aqui no convite que o Príncipe dos Anjos faz a Moisés: tire a proteção que te impede de sentir o calor verdadeiro do fogo do amor de Deus. Se a sarça queima, mas não se consome, os pés descalços diante do Senhor revelam que, quando nos despojamos a nós mesmos e tiramos as nossas segurança e proteção, nossos pés tocam o terreno da manifestação do Senhor.

É lindo não é mesmo? O chamado de Moisés possui um vasto ensinamento espiritual. Mas o ápice de tudo é que o Anjo, na verdade, lhe está pedindo para que este possa tirar os pés das sandálias que, de certa forma, é um chão de couro feito por mãos humanas, para sentir o calor desta unção que queima, mas não consome.

Um outro significado em relação a ordem de tirar as sandálias está ligada ao culto aos deuses que se fazia no antigo oriente, de um modo especial no Egito. Nesses períodos, tinha-se a tradição de tirar as sandálias aquele que entrava no território do templo.

Isso porque as sandálias, como qualquer calçado, pisa em muitos lugares e carrega em si as areias de lugares profanos. Então, sendo que aquela porção de terra é separada para o culto de adoração a determinada divindade, logo, tirar as sandálias dos pés diante de uma divindade, naquele tempo, demonstrava a total reverência e reconhecimento.

Moisés, por ter sido príncipe e ter sido criado pela filha do faraó, sabia o que era ficar descalço no momento do culto. Ao dizer que o lugar em que estava pisando era santo, o Anjo ensina a Moisés que, mesmo que ele não veja um templo construído diante dele ou um palácio, o Deus invisível que andou com Abraão agora está diante dele.

A própria palavra Santo significa separado. Portanto, ao dizer que aquele lugar é santo, o Anjo está ensinando a Moisés que Deus separou aquela porção de terra somente para poder descer e falar com seu profeta.

Por outro lado, segundo a tradição judaica, as sandálias de Moisés, poderiam ser também o último resquício de algo que o ligava ao Egito. De fato, o uso de sandálias era muito comum entre os faraós e a grande elite do Egito. Os escravos, por sua vez, andavam descalços e com os pés desprotegidos[26].

Nesse sentido, o texto aqui nos ensina que para uma nova missão, deve-se abandonar as seguranças

---

26 Cfr. Pfeiffer, Charles F. *Dicionário Bíblico Wycliffe*, 1756.

de tempos passados para abraçar o agora de Deus e o futuro reservado por Ele para os que o amam.

Moisés, agora anônimo em meio as montanhas, foi encontrado pelo Deus da vida, que o protegeu e sustentou durante todo aquele período de exílio. A nossa reflexão fica ainda mais rica quando nos deparamos com uma antiga tradição oral judaica, em que se afirmar que Moisés, em um passado não muito distante, tinha sido nomeado general de um dos exércitos do faraó, seu avô adotivo.

Segundo Flavio Josefo que nos traz esta tradição, Moisés foi um grande estrategista e sabia muito bem comandar exércitos, dando ao Egito grandes vitorias contra seus inimigos[27].

Nesse contexto, podemos entender que o chamado para libertar Israel do Egito é dirigido a um ex-general e ex-príncipe que estava escondido em meio às ovelhas de seu sogro. Moisés então é chamado por Deus, por intermédio do Anjo que está dentro do fogo da sarça.

É isso que o Arcanjo Miguel faz conosco. Ele nos ensina a saírmos de nós mesmos e olhar para a luz que brilha diante de nós o tempo todo que é o próprio Deus. Aquele fogo que queimava, mas não consumia a sarça, é o Amor de Deus seja por Moisés e sua vida, bem como por Israel escravo no Egito.

---

27 Cfr. Flavio Josefo, *História dos Hebreus*, II, 88-89, 141-142.

Todavia, a batalha que agora Moisés é chamado a combater, não é feito de carros de guerra e nem mesmo de espadas e lanças, a arma que ele usará será a capacidade de adorar e se render a Deus e à sua vontade.

Miguel ensina Moisés a descalçar as sandálias do Egito para que, descalço e desprovido de seguranças humanas, seja agora livremente servo por amor a Deus, que o chama e coloca toda sua confiança nele, Por isso, será conhecido como alguém que se tornou tão íntimo do Senhor, que entrou para história como aquele que conversava com Deus como um amigo, conhecendo Sua face (Ex 33, 11).

Mais a frente, quando receberá as instruções do Senhor, Moisés fará a experiência que Miguel fez ao obedecer a voz e chamado do Altíssimo. A palavra afirma que, quando Moisés entrava no secreto para adorar a Deus, uma nuvem o cobria e ninguém o via. Somente ele e o Senhor, escondido em sua *Shekinah* se revelava e dava as instruções para o profeta.

Em uma dessas vezes, Moisés ficou com o rosto iluminado, porque a luz de Deus que ele contemplou refletiu em seu rosto (Ex 34, 29-35). A experiência que o Anjo na verdade quis que Moisés fizesse, não era de experimentar simplesmente o poder de Deus, mas de contemplar Sua graça e resplandecer Sua majestade.

Sim, Miguel reflete em seu rosto aquele fogo de Amor que envolve os anjos e homens porque aqueles que estão em comunhão com o Senhor são envolvidos pelo fogo do seu amor, que nos consome e nos faz encontrar a felicidade plena.

O fenômeno da sarça ardente terminou. Moisés desceu encorajado pelas promessas de Deus de que estaria com ele por onde fosse. Mas, foi a partir daquele momento que Miguel se tornará o guardião e defensor de Israel. Sua atenção e auxílio para com os filhos de Abraão será ativo, constante e real.

O que aprendemos, mais uma vez, à luz desse texto, é que é adorando a Deus, tirando as sandálias das seguranças em nós mesmos, enfrentado o orgulho e se humilhando perante Deus, que conseguiremos vencer na vida. Moisés enfrentou o Faraó, mas uma guerra espiritual estava para estourar.

Miguel contra os Exércitos do Faraó

"O anjo de Deus, que marchava à frente do exército dos israelitas, mudou de lugar e passou para trás; a coluna de nuvem que os precedia pôs-se detrás deles, entre o acampamento dos egípcios e o de Israel. Era obscura, e alumiava a noite. E não puderam aproximar-se um do outro, durante a noite inteira" (Ex 14, 19-20).

A passagem do mar é uma das mais conhecidas na cultura popular. Inúmeras obras de arte, bem como filmes e encenações, imprimiram em nossas mentes, aquele mar gigantesco aberto por Deus e

Moisés com o cajado levantado por ordem de Deus para que o povo passasse a pé enxuto.

Mas, pode passar despercebido a presença de um misterioso Anjo que vai à frente do exército de Israel. Este como alguém que conduz e abre caminho, não está só. Ele vai à guerra com os filhos de Israel, libertando-os das mãos da tirania do rei do Egito.

Quem é este anjo? Na tradição judaico-cristã, este anjo do Senhor é o príncipe de todos os outros, isto é, o próprio Arcanjo Miguel. Veja o que nos diz um antigo texto judaico:

> "Moisés falou diante do Santo, bendito seja Ele, dizendo: Soberano de todos os mundos! O inimigo está atrás deles, e o mar está na frente deles, para que lado eles devem seguir? O que o Santo, bendito seja Ele, fez? Ele enviou Michael, e ele se tornou um muro de fogo entre (Israel e) os egípcios. Os egípcios desejavam seguir Israel, mas não conseguiram chegar (próximo) por causa do fogo. Os anjos viram o infortúnio de Israel toda a noite, e eles não proferiram nem louvor nem santificação ao seu Criador, como é dito: 'E um não chegou perto do outro toda a noite'."[28]

Podemos, portanto, fazer a seguinte indagação: por que o Anjo de Deus está a frente como quem se coloca por primeiro em perigo para salvar outros? O que o move e o que o faz enfrentar quem for para dar liberdade a estes pobres escravos?

---

28 PIRKEI DE RABBI ELIEZER, 42.

A resposta se encontra na essência do próprio Miguel. Não estamos falando de um grupo de escravos comuns. A palavra de Deus nos revela que esses são descendentes de Abraão, que selou uma aliança com o Deus único.

Desde então, sua vida foi marcada pela amizade e fidelidade do Todo-Poderoso, que se manifestou ao velho caldeu e o fez sair de sua casa para a terra prometida. Deus prometeu que a descendência de Abraão seria numerosa como as estrelas e ele estaria sempre a cuidar e a guardar. É deste povo e desta descendência que nascerá a Virgem que dará a luz ao Filho do Altíssimo. Sendo assim, desde o início desta caminhada de Abraão, vemos que o mal tentou distraí-lo do propósito e tirá-lo do caminho da aliança com Deus.

É justamente aqui que Miguel se posiciona. Ele que, no Paraíso de outrora, expulsou a antiga serpente e guerreou contra os seus inimigos, agora se alinha em proteção e guarda destes descendentes, que carregam a promessa da benção.

Miguel, portanto, é identificado como esse Anjo no meio do mar.

Os detalhes são impressionantes. Depois de ter assolado o Egito com as dez pragas, para que o coração duro do Faraó se convencesse de deixar partir em paz o povo do Senhor, este se arrepende e vai ao encalço dos hebreus que tinham apenas deixado a terra de Gozen e alegres seguiam na presença de Deus, manifestada em uma nuvem tenebrosa que, de dia, permanecia sobre os israelitas fugitivos para que não sucumbissem ao calor do sol. À noite, a mesma nuvem se tornava uma coluna de fogo, que iluminava e dissipava as trevas em meio ao deserto:

> "E o Senhor ia adiante deles, de dia em uma coluna de nuvem para lhes mostrar o caminho e de noite em uma coluna de fogo, para os alumiar a fim que pudessem caminhar de dia e de noite. Nunca se retirou deles a coluna de nuvem durante o dia, e nem durante a noite com a coluna de fogo" (Ex 13, 21-22).

É Deus que fez Israel sair do Egito. É Ele que está em guerra contra os deuses do faraó. Todavia, assim como os deuses egípcios possuem seus exércitos espirituais, assim também o Deus de Israel possui um exército de valentes guerreiros comandados por Miguel. Ora, se por um lado a coluna de fogo é a manifestação da presença de Deus em meio ao seu povo, ela também se manifesta como defesa e abrigo para os filhos de Israel, que estão a caminho da liberdade.

Em meio a tudo isso, vemos que o faraó reuniu todos os seus homens para massacrar aqueles que não possuíam, nem de longe, a chance de escapar do exército mais poderoso do mundo conhecido. O que nos chama atenção é que, ao ouvir o grito e clamor do povo desesperado diante do mar, Deus ordena a Moisés que levante o seu cajado, e assim as águas são divididas.

Enquanto Israel está atravessando as águas impetuosas, o faraó os persegue com todos os seus carros de guerra. Nesse momento, a Palavra nos diz que o anjo que ia à frente se retirou para trás.

Veja o detalhe do texto: O Anjo que vai à frente colocando-se em perigo enfrentando o mar, que na antiguidade representava o caos e a morte, e o perigo mais sombrio, agora passa para trás de Israel e se coloca como um guarda-costas, e de peito aberto enfrenta os exércitos do rei do Egito, impedindo-os de se aproximarem e tocarem nos judeus.

Podemos aqui imaginar as asas do Anjo que, como um escudo, protege, seja espiritualmente, bem como fisicamente, o povo eleito. Mas, o detalhe maior, é que o anjo não passa para trás sozinho. Quando ele decide se colocar na retaguarda, a palavra diz, que a coluna de fogo que, como já disse, é a presença do próprio Deus, passa para trás junto do anjo.

O que isso significa? E que mistério está escondido neste gesto?

Veja bem, Miguel não faz nenhum movimento em sua vida se Deus não estiver com ele. O Arcanjo é corajoso e forte contra mal, não porque acredita em suas próprias forças, mas porque sabe que com ele está o Senhor, único capaz de colocar fim a todo mal e vencer qualquer guerra.

Portanto, o que vemos aqui é que o Anjo que guarda as costas do povo eleito, tem Deus que o guarda por trás.

Que lindo! Enquanto Miguel está protegendo e guardando o povo eleito, Deus, na coluna de Fogo, guarda as costas de Miguel, logo, Miguel também é guardado por Deus e, portanto, é dele que vem a fonte de todo o poder.

Em seguida, você já conhece o desenrolar da cena. Deus fecha o mar e afoga cavalos e cavaleiros, e o exército de Deus vence os dez deuses do Egito e salva o seu povo.

A lição que podemos tirar deste pequeno trecho bíblico é que, por mais que o Arcanjo seja poderoso, ele está em comunhão profunda com Deus e não ousa dar um passo sequer se o Senhor não for com ele.

Desde então, o Arcanjo foi considerado o guardião, condutor e intercessor de Israel e, sucessivamente, da Igreja[29].

Um brado que derruba muralhas

> *"Encontrando-se Josué em Jericó, levantou os olhos e viu um homem de pé diante dele, com a espada desembainhada na mão. Josué aproximou-se dele e disse-lhe: és tu dos nossos ou dos nossos inimigos? Ele respondeu: Não! Mas sou o chefe dos exércitos do Senhor e acabo de chegar. Josué prostrou-se com o rosto em terra e o adorou e lhe disse: O que tem a dizer meu Senhor a seu servo? O Chefe dos exércitos do Senhor lhe respondeu: Descalça as sandálias dos teus pés, porque o lugar em que pisas é santo. E assim fez Josué"* (Js 5, 13-15).

Passaram-se mais de quarenta anos desde o dia em que o Senhor encontrou Moisés na montanha do Horebe e o chamou para entrar para história como um dos homens mais usados por Deus. Durante quarenta anos, os ex-escravos do faraó foram testemunhas de grande milagres e prodígios da parte de Deus. O maná caiu do Céu para alimentá-los. A água brotou das pedras para lhes saciar a sede, e por mais que andassem perambulando pelo deserto, suas roupas e sandálias não se consumiram (Dt 8).

Mas, toda jornada tem seu fim e foi o que aconteceu com o antigo príncipe hebreu do Egito. Moisés, depois de liderar o povo para a entrada da terra prometida, foi recolhido por Deus e morreu.

---

29 Monastero Carmelo San Giuseppe, *In Comunione com gli Angeli, Nostri Frateli e amici*, 72.

Em seu lugar, foi escolhido o jovem Josué. Esse recebeu a pesada missão de levar a cumprimento a promessa de Deus feita quatrocentos anos antes a Abraão, de que a terra de Canaã seria posse de seus descendentes.

Josué, que foi adestrado em guerras e aprendeu, ao longo do tempo no deserto, a batalhar contra os inimigos de seu povo, agora se encontra diante da cidade mais fortificada de seu tempo: Jericó.

Suas muralhas imponentes e praticamente impenetráveis, se constituíam uma das maravilhas daquele tempo. Essa cidade se constituía também como uma fortaleza, rodeada por espessos muros, que fazia com que seu rei se sentisse seguro o bastante para desafiar quem quer que fosse[30].

O judeu desafiante, com seu pequeno exército, observa a cidade de longe. Em seus pensamentos como estrategista, calcula e pondera como poderia entrar em tal cidadela. Se os habitantes da cidade de Jericó eram protegidos por fortificações feitas de pedra e ferro, os israelitas habitavam em frágeis tendas, que, com uma simples flecha de fogo, poderia incendiar todo o acampamento.

Observava e pensava: como vencerei? Jericó era o primeiro obstáculo para que a terra prometida fosse reconquistada. Mesmo com tamanha imponência, toda a cidade temia o frágil exército de Israel.

---

30 Cfr. J. BRIGTH, *História de Israel*, 165.

Se estes olhassem para o arsenal hebreu, certamente teriam a certeza da vitória. Mas, o Deus de Jacó habitava em meio aquela nação de ex-escravos e batalhava por ela (Js 5, 1).

Enquanto orava e pensava, Josué viu um homem de pé diante dele com a espada na mão. Em um primeiro momento, o general dos exércitos de Israel, se assusta e colocando a mão no cabo de sua espada pronto parta se defender, pergunta a origem do desconhecido.

Dois generais de guerra estão frente a frente. De um lado, um carrega a divisa dos hebreus, já o outro, traz em si a majestade de quem comanda os exércitos do Todo-Poderoso.

Diante da resposta do Anjo a Josué, percebemos o poder escondido nessa narrativa. Josué em seu coração estava a poucos minutos clamando a Deus por ajuda e entendimento de como vencer as fortalezas de Jericó. Logo em seguida, lhe aparece o chefe dos exércitos do Senhor diante dele. A primeira palavra que o Príncipe dos Anjos lhe dirige depois de se apresentar é: "Acabei de chegar".

Essa pequena frase nos revela algo extraordinário: o Arcanjo está implicitamente dizendo a Josué que veio em seu auxílio como um raio. De fato, o Príncipe Celeste se achega às pressas diante de Josué para lhe ensinar a verdadeira estratégia para vencer seus inimigos.

Enquanto Josué, com sua razão, procura descobrir quais os meios para entrar em Jericó, o anjo lhe ensinará que não são os meios de guerra nem mesmo as armas que Israel possui que lhe darão a vitória.

Nesse momento, Miguel faz o mesmo que fez anteriormente com Moisés, mestre de Josué. Lhe dirá para descalçar as sandálias de guerreiro e adorar a Deus que, agora, por intermédio de seu anjo, está diante dele.

Antes da chegada do anjo, Josué se encontrava de pé olhando para as imensas muralhas da cidade. Sua visão e foco estavam na dificuldade das impenetráveis fortalezas. A pergunta que lhe faço: se fosse você no lugar de Josué, qual seria a tua reação? Já imaginou, você tendo que comandar um exército pequeno, de alguns soldados, contra a maior fortaleza da terra prometida? Seu coração não estaria preocupado por seus homens e família? Mesmo possuindo a promessa de Deus em pessoa que a vitória seria sua?

Somos humanos e não temos que ter receio de demonstrar nossas fraquezas e medos. O importante é aprender a olhar para direção certa. Até antes da chegada do chefe dos exércitos do Senhor, Josué estava olhando e se comportando de maneira errada. Mas tudo muda com a visita do Príncipe do Céu,

A primeira coisa que Miguel faz Josué fazer é tirar suas sandálias de general dos pés. Aqui aprendemos que não se vence nenhuma guerra se as seguranças estão em bens materiais e estratégias meramente humanas.

Você já aprendeu com o episódio do chamado de Moisés, que as sandálias significavam as seguranças e, ao mesmo tempo, o modo que os senhores de outrora possuíam para serem superiores aos escravos e pobres.

Logo, o que vemos aqui é que o anjo, primeiramente, tira a atenção de Josué do problema de enfrentar a poderosa Jericó, e o leva para o essencial, que é olhar para Deus e entrar no secreto, onde podemos encontrá-Lo e ali escutar sua voz e adorá-Lo em espírito e verdade.

Ao mesmo tempo em que as sandálias nos lembram a humildade, esta, no mundo antigo, tinha também um símbolo jurídico, em que determinava o direito de outrem ante a uma propriedade ou pessoa diante do tribunal[31].

Foi assim com Booz, quando comprou a herança de Rute, para que o processo fosse concluído com o homem que tinha o direito sobre a herança da antepassada de Davi, exigiu que este lhe desse suas sandálias, para que estas não mais pisassem sobre a terra que outrora tinha sido sua (Rt 4, 6ss).

Podemos, nesse sentido, contextualizar o episódio do encontro do anjo com Josué. Ele, ao lhe pedir de tirar as sandálias dos pés, inicialmente está lhe solicitando o direito de posse e, ao mesmo tempo, assumindo a guerra que Josué irá enfrentar.

Sim, você entendeu certo. Quando Deus pede a Josué para descalçar as sandálias, está lhe fazendo um processo jurídico de posse. Através do Arcanjo, Deus está lhe dizendo: "Eu acabei de chegar, para assumir as tuas guerras. Quanto a ti fique aqui e adore".

Ao convocar Josué para a adoração, o Príncipe dos Anjos lhe ensina a verdadeira arma capaz de fazer as muralhas caírem. Mas, ao mesmo tempo, o visitante do Céu faz Josué se recordar dos tempos em que ele servia a Moisés e com o antigo mestre adorava a Deus no secreto. Deus já havia prometido a Josué que ele seria vitorioso contra seus inimigos e que seria o próprio Deus que lhe daria vitória. Mas como todos nós, em momentos de provações, corremos o risco de

---

31 Cfr. DICIONÁRIO DE FIGURAS E SÍMBOLOS, 31.

esquecermos quem somos e quem de verdade permanece conosco.

O lugar da adoração não era algo desconhecido para o filho de Num. Ele havia sido adestrado dentro do santo dos santos, quando ainda jovem, fazia guarda a Moisés. Veja o que diz a palavra:

> *"E acontecia que quando Moisés entrava na tenda, baixava a coluna de nuvem e parava a entrada da tenda e falava com ele. O Senhor falava com Moisés face a face, como um homem fala com seu amigo, depois ele voltava para o acampamento. Mas seu servidor Josué filho de Num. Moço ainda, não se afastava do interior da tenda"* (Ex 33, 9-11).

Preste atenção nesse detalhe. O texto sagrado nos ensina que o jovem Josué entrava com Moisés na tenda, ficando na porta, do lado de dentro dessa. Ali, Moisés conversava com Deus no segredo e no silêncio, Josué escutava e aprendia como uma criança que observa de longe.

Depois que o profeta terminava o encontro com Deus, ele retornava para o acampamento das tendas de Israel, mas Josué não o acompanhava, ao invés disso, ficava dentro da tenda. O que ele fazia? O que o movia para que não se afastasse da presença do Senhor? A resposta é simples: quando estamos na presença de Deus, nada mais nos abala e preocupa. Pois é no lugar secreto, onde ninguém te vê e escuta, que Deus desce e fala contigo (Mt 6, 6).

Portanto, o que o chefe dos exércitos do Senhor faz em relação a Josué, é lembrá-lo que as batalhas e guerras se vencem quando nos prostramos diante do Todo-Poderoso. Se em um primeiro momento, os olhos de Josué estavam voltados para as muralhas, agora todo seu ser e atenção estão voltados para Deus, presente na figura do anjo, uma vez que onde Miguel está também ali está a Presença da Nuvem de Deus. É por isso que Josué adora, todavia, seu objeto de adoração não é o anjo, mas Deus que está presente no Anjo.

Assim sendo, a missão do Arcanjo, foi aquela de devolver a Josué a experiência de entrar na tenda do seu coração, na terra onde ele estava, para dali entender e compreender a voz do seu Deus.

Prostrado com o rosto por terra, Deus lhe dá a orientação de rodear a cidade com trombetas e cânticos de louvor. Por sete vezes ele assim o fez. No último dia as muralhas caíram diante do forte brado que os Israelitas lançaram contra Jericó. Então, qual foi a arma que derrubou as muralhas? A adoração e o brado.

Sim, o mesmo brado que no Paraíso foi ecoado entre as fileiras dos anjos por Miguel, o Arcanjo ensinou aos israelitas. As muralhas na eternidade de resistência do Dragão infernal ruiu e Miguel, comandante dos anjos, aprendeu com a adoração e o louvor que sempre será o Senhor a vencer nossas guerras, sendo assim, a ajuda que Miguel deu aos israelitas foi o que ele em sua vida e existência compreendeu: ser a cada instante, um adorador incansável e inflado de amor pelo Senhor.

Algo ainda que nos remete a Miguel na tomada da terra prometida são as trombetas soadas pelos israelitas. São sete estas que colocam em abalo as estruturas dos inimigos de Deus. Miguel é familiar em tocar o *shofar* ou as trombetas, porque sendo o primeiro dos arcanjos, será ele que ao toque da trombeta anunciará a vinda gloriosa do Senhor que ressuscitará os justos. Assim diz o apóstolo Paulo:

> *"Pois dada a ordem, com a voz do Arcanjo e o ressoar da trombeta de Deus, o Próprio Senhor descerá dos céus, e os mortos em Cristo ressuscitarão primeiro"* (1 Tess 4, 16).

Com a história de Josué, aprendemos algo que servirá para toda a nossa vida: na angústia e na provação não se desespere. Em tuas guerras, mesmo que os inimigos pareçam maiores que você, não desanime. O Exército de Deus é maior e mais poderoso que o dos nossos inimigos. Miguel deseja nos ensinar a essência da nossa existência: nascemos para adorar.

Fomos criados para entrar no segredo da tenda do Senhor, e não importa onde e em que circunstâncias nos encontramos. O que conta no fim de tudo é olhar para a dificuldade e junto com o nosso irmão celestial, gritar diante das muralhas da vida: Quem Como Deus?

A partir desse dia em que o Chefe dos anjos se apresentou a Josué para lhe ajudar em suas conquistas, Miguel entrou para a história como aquele que, nas ladainhas antigas, é chamado de: Condutor, Guia e consolador do povo Israelita[32].

Esse mesmo amigo e fiel irmão estará ao teu lado quando tudo parecer difícil. Onde encontrá-lo? Em um lugar que a tua alma sente saudades: na presença de Deus!

Intercessor e defensor incansável

Desde antiguidade, seja na tradição judaica e bem como naquela cristã. Miguel sempre foi entendido como aquele que intercede pelo povo de Israel, o protege e o conduz. Penso que se você chegou até aqui, já aprendeu muitas coisas a respeito do Príncipe dos Anjos. Ele não é um ser celestial de baixa hierarquia, mas ocupa um lugar de supremacia entre todos os seres celestes.

A sua grandeza se dá pelo fato de seu amor incondicional por seu Deus e pelas criaturas, sejam elas angélicas bem como a humana, o faz ser a expressão do cuidado e proteção do Altíssimo. Na visão do profeta Zacarias, fica ainda mais evidente esta característica do amado da casa de Deus.

O profeta nos diz que Deus o faz ver o sumo sacerdote Josué que estava de pé diante do altar de Deus sendo acusado por Satanás, que o lembra que suas vestes estão impuras e, portanto, ele não pode

---

32 Cfr. RAFAEL BRITO, *Orando com os Santos Anjos*, 96.

se apresentar e permanecer na presença do Senhor. Assim diz o texto:

> *"Ele me fez ver Josué Sumo Sacerdote, que estava de pé diante do anjo do Senhor, e Satã que estava de pé a sua direita para acusá-lo" (Zc 3, 1).*

O que vemos aqui é um processo diante do tribunal de Deus. Como em qualquer júri, temos o juiz (Deus), o promotor-acusador (Satanás) e o advogado que logo aparecerá que se nomeia Anjo do Senhor.

A questão é clara. O sumo sacerdote é aquele que apresenta diante de Deus as ofertas e oração do povo e por intermédio dele, Deus desce e perdoa as culpas da nação. Mas existia todo um ritual em que o sumo sacerdote deveria fazer antes de entrar na presença do Senhor. Suas vestes deveriam estar limpas e brancas (Lv 8, 1-36).

Na presente visão, a Palavra nos diz que as roupas do sumo sacerdote Josué se encontram impuras, logo, essa realidade o impede de ofertar e exercer o seu ministério diante de Deus. Nesse momento, Satanás se coloca de pé do outro lado do altar e começa a acusar o sacerdote.

Nesse momento a voz de acusação é silenciada pela intercessão do Anjo que a tradição identificou como Miguel. Ele usa contra o inimigo as seguintes palavras:

> *"Que o Senhor te reprima Satã, te reprima o Senhor que elegeu Jerusalém, este não é por acaso uma brasa tirada*

> *do fogo? Josué de pé diante do Anjo estava vestido com roupas sujas" (Zc 3, 2-3).*

Mesmo sendo poderoso e forte contra o mal, Miguel mais uma vez nos mostra o segredo de sua força e poder. Ele se dirige ao acusador e o enfrenta no nome do Senhor, dando a Deus a potestade de silenciar e derrotar aquele que acusa o sumo sacerdote por seus pecados.

O interessante é notar a paciência, amor e bondade que o Anjo exprime em relação àquele pecador. Suas vestes também representam luto, por uma desolação ou destruição do templo[33]. Logo aqui Miguel se manifesta como um ser cheio de bondade e misericórdia, e que vendo um de seus irmãos, feito carne, intercede por ele perante a Deus.

Este episódio de deixar nas mãos de Deus a sentença, mostra-nos a grandeza de Miguel e como este príncipe sabe se colocar em seu lugar. Diferente de Satanás, que sempre tentará ocupar o lugar de Deus, que é aquele de julgar entre o bem e o mal. Miguel não cai nesta armadilha, mas abaixando a sua cabeça entrega a Deus aquela situação. Porque é em nome do Senhor que Miguel enfrenta os demônios e seus maior inimigo. Mais uma vez, seu nome se sobrepõe a altivez do Maligno, por que em situação como estas o que se faz? Se brada: Quem é como Deus?

---

33 Cfr. BÍBLIA DE JERUSALÉM, *Nota de rodapé,* F, 1650.

Mais adiante veremos esta mesma postura no livro de Judas, que utilizou uma tradição apócrifa para falar da disputa do corpo de Moisés como vimos no início deste livro.

Ora, o Arcanjo responderá a Satanás que disputa o corpo de Moisés:

"Que o Senhor te repreenda" (Jd 9).

Não entrarei em toda a simbologia desta literatura apocalíptica, o que para mim importa é trazer para você o entendimento de como se comporta o Príncipe dos Anjos. Talvez possamos nos perguntar: por que ele intercedeu pelo sumo sacerdote em luto e com vestes indignas e sujas para a adoração? Está já implícito no texto a resposta. É por amor. Miguel ama e quem ama defende. O amor pensa nos mínimos detalhes, e deseja a felicidade de quem o recebe.

Se tem algo que podemos atribuir a Miguel é seu amor por nós e por Deus. Por isso, ele sem receio algum, intercede por aquele homem que tinha uma missão importantíssima para o povo escolhido. Ele, enquanto sumo sacerdote, deve oferecer sacrifícios pelo povo, logo manter o culto de adoração a Deus.

O que Satanás na verdade deseja fazer, é acabar coma a adoração do povo de Israel, acusando o seu chefe espiritual de estar inapto para a sua missão.

Essa é a estratégia do inimigo contra a Igreja e contra você. Sempre nos acusará de nossos pecados, tentando convencer que não somos dignos desse amor. E, por isso, focando no negativo, se esquece de clamar por misericórdia e experimentar o olhar de ternura, de amor, de carinho que o nosso Deus e Pai deseja para nós.

A voz do Anjo retira o acusador da sala do trono. Não o veremos mais no texto. Ele se retira e não pode suportar em ver Deus perdoando e restabelecendo as insígnias sacerdotais e o reabilitando para a adoração. O acusador foi expulso mais uma vez. E a mesma voz do Arcanjo que defendeu Josué, bradou nos céus no livro do Apocalipse, no dia da grande batalha:

> *"Agora realizou-se a salvação e o poder e a realeza do nosso Deus, e a autoridade do seu Cristo: porque foi expulso o acusador dos nossos irmãos, aqueles que os acusavam dia e noite diante de nosso Deus" (Ap 12, 10).*

Existe uma celebração entre Miguel e seus anjos quando os nossos pecados são perdoados. A Misericórdia e grandeza de Deus, supera toda e qualquer sujeira que o a culpa pode nos deixar. O acusador é expulso por Miguel, que se coloca como defensor de alguém que estava fadado ao falimento. Sua intercessão colocou Satã em seu devido lugar. Por isso então já nos dizia Jesus:

> *"Há alegria diante dos anjos de Deus por um só pecador que se arrepende" (Mt 15, 10).*

Que lindo. Miguel e todos aqueles anjos que permaneceram fiéis a Deus, se alegram com você!

Eles cantam louvores a Deus por sua causa e enfrentam quem for, para que possamos adentrar naquela sala diante de Deus.

Enquanto o sumo sacerdote está diante do Anjo, Miguel ordena a outros subalternos que retirem as roupas sujas e coloquem vestes novas e reabilitem Josué ao oficio da adoração:

> *"E ele falou aos que estavam de pé diante dele: 'Tirai-lhe as vestes sujas e vesti-o com vestes luxuosas; colocai em sua cabeça um turbante limpo. Colocaram um turbante limpo em sua cabeça e o vestiram com roupas limpas'. O Anjo do Senhor permanecia de pé" (Zc 3, 4-5).*

Como vemos ao fim deste embate, Miguel ordena que coloquem roupas limpas, e a tiara sacerdotal de linho e perfumada. Será assim no último dia quando, diante do Cordeiro, nossas vestes sujas forem lavadas e alvejadas naquele sangue redentor (Ap 22, 14). Os anjos te vestirão com as vestes de filho e não mais de escravo.

Essa passagem nos lembra a volta do filho pródigo, que com roupas em trapos, foi abraçado pela misericórdia de seu Pai que ao aceitou de volta. Aos seus servos foi dada a ordem de vestir a túnica mais bela, o anel de dignidade filial e as sandálias da herança. Sim, Miguel intercede por ti para que ao voltar para casa de Deus e seus átrios, você possa ter as vestimentas apropriadas para adorar Aquele que é e para sempre será!

O que vemos ao fim desta cena bíblica é que a artimanha do inimigo era fazer com que o sumo sacerdote colocasse Deus de lado. Porque assim, se o Senhor não é mais o centro da nossa vida, logo somos destinados a destruição[34]. Assim preocupados e olhando para as nossas fraquezas esqueceríamos da força e do poder de ter Deus conosco.

Como fez com o outro Josué que diante das muralhas de Jericó se assustava, porque ainda não tinha adorado a Deus, assim faz Miguel intercedendo para que o sumo sacerdote não olhasse mais para as vestes sujas e nem desse mais ouvidos às acusações do inimigo, mas sim olhasse para o centro da sua vida que é o próprio Deus.

Aprendemos então que o Príncipe dos Anjos, nos ensina mais uma vez a fazer a coisa mais bela desta vida: adorar e bendizer ao Senhor em todo o tempo, mesmo quando as circunstâncias nos dizem o contrário.

Volte para casa, seja de novo o filho pródigo que com coragem correu para os braços do Pai. Quando você chegar, o sorriso do Príncipe Celeste, teu irmão que lutou por ti, iluminará teu rosto quando ele vier junto com teu Anjo da Guarda e os outros anjos, para te vestir com vestes novas!

---

34 Cfr. BENTO XVI *Homilia por ocasião da ordenação episcopal a seis novos bispos na festa dos Arcanjos Miguel, Gabriel e Rafael*, 2007.

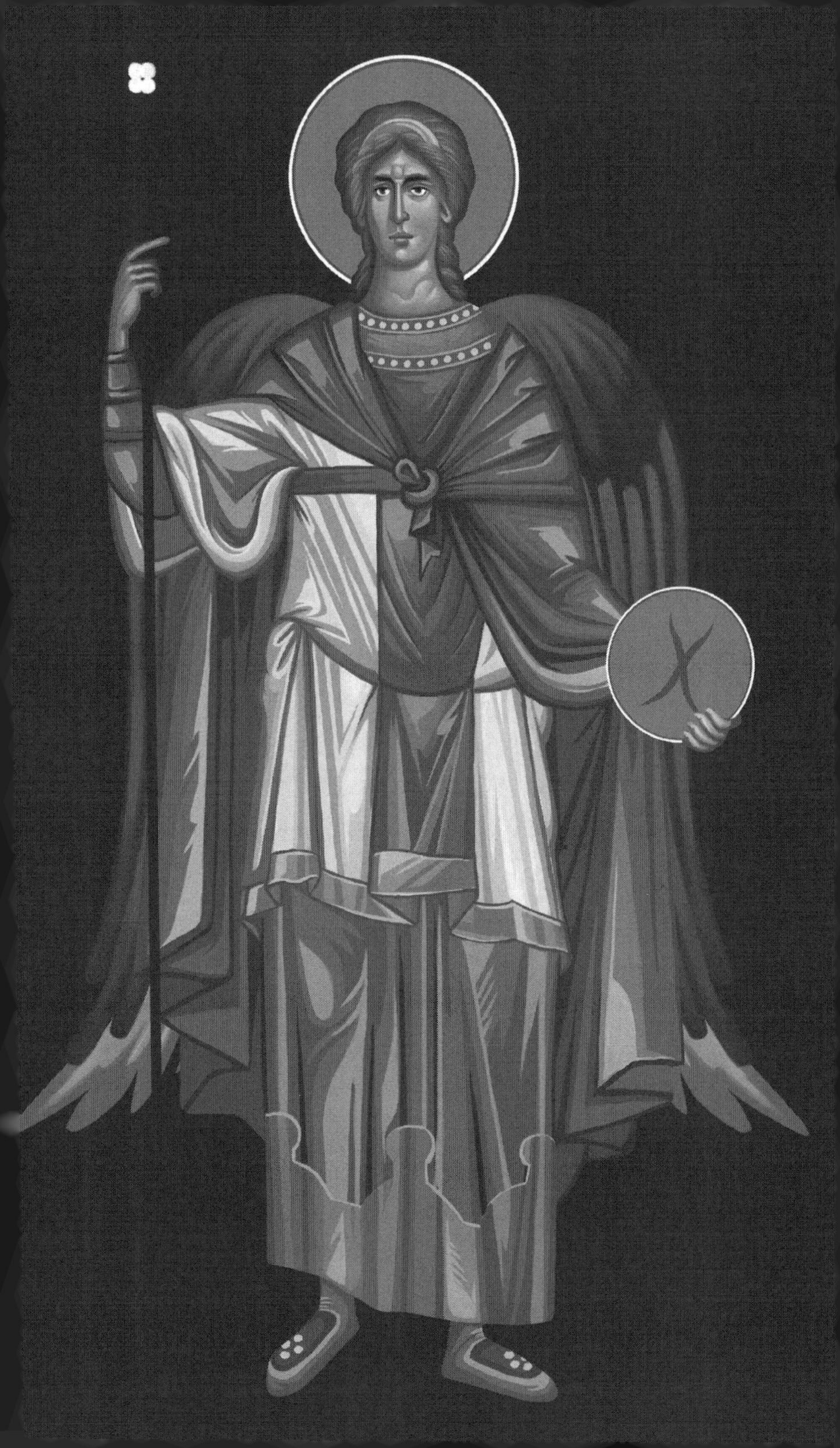

CAPÍTULO V

AS PODEROSAS ARMAS DE SÃO MIGUEL ARCANJO

Esteja atento ao que segue. Você descobrirá o segredo das armas de Miguel e como também você pode ter acesso a elas.

Talvez você me pergunte: mas e a representação de Miguel Guerreiro com espada, escudo, elmo e couraça o que significam? Pois eu te respondo que os significados destas insígnias do Arcanjo são muito mais profundos do que você imagina.

Miguel: revestido do poder de Deus

O apóstolo Paulo em sua carta aos Efésios, ensina a respeito das armas espirituais que o cristão precisa possuir para enfrentar o Maligno e lhe resistir. Já nas passagens do Antigo Testamento vemos que Deus é especialista em confundir os fortes usando os mais fracos. Ele se utiliza de uma pequena pedra para derrubar o gigante e valente Golias. É com um cajado de madeira que ele envia Moisés para enfrentar o reino mais poderoso do mundo em seu tempo, isto é, o Egito.

Sem exércitos e sem companhia armada Moisés desceu ao Egito e tirou seu povo da escravidão com a força do braço forte do Senhor. O mar se abriu, o maná caiu do céu e quando o povo no deserto sentiu sede o Senhor fez sair água de uma pedra! Tudo isso para nos mostrar que são mais poderosas as armas espirituais do que aqueles materiais.

À luz dessa verdade Paulo nos ensina sobre os instrumentos que cada seguidor de Cristo precisa possuir para ser imbatível no combate espiritual.

O apóstolo, ao se referir a armadura de Deus, tem em sua mente a indumentaria do legionário romano, que era protegido da cabeça aos pés por sua armadura.

A mesma armadura vemos nas imagens ou estátuas clássicas do Arcanjo Miguel. Mas a pergunta é: Miguel usa armadura? A resposta é simples: ele usa, mas não como o é representado nas clássicas estátuas de pedras e pinturas renascentistas.

Antes de mais nada o que temos que aprender é que a Bíblia, enquanto Palavra de Deus, nos ensina a educação da vivência, do caráter e transformação da vida. Só podemos ser fortes contra o mal se buscarmos com todo o nosso coração, a exemplo do Arcanjo Miguel, em ter o Senhor como única referência e centro de nossas vidas. Assim sendo, quando pensando na armadura de Deus a primeira recomendação do apóstolo é:

> *"Finalmente fortalecei-vos no Senhor e na força do seu poder"* (Ef 6, 10).

Veja que profundo. Antes de irmos para a guerra ou combater os nossos inimigos precisamos fortalecer-nos no Senhor. O que isso significa e de onde vem esta força? Essa força e poder vem do próprio Deus, que com o seu poder nos reveste e nos coloca de pé.

O texto também pode nos remeter ao treinamento dos legionários e gladiadores romanos. Esses se exercitavam antes das batalhas. Antes da guerra ou do espetáculo, o guerreiro se comportava como um verdadeiro atleta. Buscava se alimentar com nutrimentos balanceados, exercitavam seus músculos e treinava com pesos e instrumentos que fortaleciam seus músculos, para o embate final.

Uma armadura de um legionário romano poderia chegar a pesar em torno de 30 a 50 quilos. Você pode imaginar o quanto essa indumentária pudesse pesar e ser um grande problema para um soldado que não tivesse a força necessária para suportar o peso das placas de aço que o cobria da cabeça aos pés. Tal peso, portanto, exige que aquele que carrega tal armadura esteja treinado em seus músculos e estrutura corpórea.

Se a iconografia clássica ocidental atribui a Miguel a figura de um anjo guerreiro, com as características de um soldado romano, logo os primeiros que assim esculpiram tais estátuas que entraram para história, pensavam não somente no simples soldado, mas consideravam, que assim como o legionário deveria suportar o peso da armadura por causa de sua força física, claramente os primeiros artistas cristãos imaginaram Miguel que não possuindo força humana, possuía a força espiritual, e por sua vez carregava o peso da armadura que não era feita por ele e não lhe pertencia, mas esta teria sua origem em Deus[35].

Sejam as estátuas esculpidas em pedra do ocidente, bem como os ícones escritos do oriente, nos apresentarão um Miguel musculoso e forte, empunhando a espada e o escudo. Talvez você esteja se perguntando o porquê a arte quis apresentar o Príncipe dos Anjos assim, com os braços e músculos semelhante a um atleta ou general Romano. Preste atenção no detalhe que desejo lhe revelar.

O Arcanjo guerreiro é reflexo da glória e força de Deus

Ao ler a Bíblia, você já se deparou com a palavra glória? Sim, esta palavra se encontra seja no Antigo bem como no Novo Testamento. Usada sobretudo para falar da grandeza e magnificência de Deus, tal palavra expressa a força e poder de Deus.

Sua origem vem da palavra hebraica: *Kabod* que tem como um de seus significados as palavras: peso, força, autoridade e majestade. A mesma palavra foi traduzida logo em seguida para o grego: *doxa*, e tem como objetivo ser uma expressão para a glória de Deus e o seu mistério de adoração. Mais tarde nos tempos dos padres da Igreja bem como na idade

---

[35] Cfr. Renzo Paternoster, *l'Arcangelo Michele, il Santo con le ali*, in Storia in network, 1999.

média, este termo será também utilizado na liturgia cristã[36].

Veja que poderosa essa compreensão. Se até aqui aprendemos que os antigos guerreiros utilizavam, armaduras pesadas e que para possuí-las e usá-las em campo de batalha deveria exercer a força física, logo, vemos que a glória de Deus é tida como um peso e que está acima de toda criatura.

O apóstolo Paulo ao tratar sobre esta armadura, nos diz que ela não possui origem humana e nem angelical, mas divina. O cristão deve revestir-se desta armadura, que é de Deus.

Muitas vezes, o Deus de Israel foi comparado a um general ou a um guerreiro vencedor de todas as batalhas. Ele é o Senhor dos exércitos que derrubou os exércitos do faraó e seus carros de guerra. No cântico de Moisés encontramos este lindo versículo

> *"O Senhor é a minha força, o Senhor é o grande Guerreiro, ele lançou no mar cavalo e cavaleiro..." (Ex 15, 3).*

Veja que o autor sagrado proclama que o Senhor é a força que derrota seus inimigos e ao mesmo tempo o compara a um guerreiro. Claramente a visão aqui clássica de quem escreveu estes versos, tem em mente um Deus comparado a um guerreiro com sua armadura empunhando suas armas.

---

36 Cfr. Pfeiffer, Charles F. *Dicionário Bíblico Wycliffe*, 870.

Ao mesmo tempo em que canta esse louvor do outro lado do mar, o povo de Israel reconhece que quem venceu sua guerra foi o Senhor. Portanto, podemos entender que existe uma força que vem de Deus, e, ao mesmo tempo, ele se veste de seu esplendor e majestade.

Sendo assim, nós filhos de Deus bem como Miguel, ao enfrentar os exércitos de nossos inimigos, recorremos e nos escondemos debaixo da proteção de Deus e nos revestimos de seu poder. Não há outro poder que nos possa salvar que não seja o do Senhor.

Ao tomar posse desse revestimento do poder do Altíssimo e de sua armadura, sabemos que existirá em tudo isso um peso, que é a glória do Senhor manifestada em nossas vidas e em cada criatura angélica. Todavia, antes de revestir tal armadura, precisamos, assim como os antigos legionários, exercitar os músculos espirituais, para suportar pela Graça de Deus essa glória que reflete em nós e nos anjos.

Miguel, portanto, é forte porque sua força vem daquele que é nossa força e salvação (Sl 27, 1).

Nesse sentido, podemos então contemplar o poderoso Miguel, que, na batalha contra o Dragão e seus anjos, não lutou com suas forças, mas com o poder de Deus e na força que o impulsiona. Já tratei logo acima que o Príncipe dos Anjos é cheio do Espírito de Deus. Ora, o Espírito Santo é aquele que nos dá a força em tempos de fraqueza e nos coloca de pé em tempos de provação.

Nesse sentido, um dos atributos do Espírito Santo é justamente: Força do alto, Poder de Deus, dedo de Deus. O próprio Jesus antes de subir aos céus deu a ordem aos seus discípulos dizendo:

> *"Recebereis a força, a do Espírito Santo que descerá sobre vós e sereis minhas testemunhas, em Jerusalém, em toda a Judeia e a Samaria, e até os confins da terra" (At 1, 8).*

Essa força ou poder é dada por Deus em seu Espírito, para todos aqueles que se colocam a serviço do seu Reino. Algo muito importante que temos que lembrar, é que o ministério da pregação e do anúncio do Evangelho, é um dom dos anjos que Deus concedeu aos homens. Portanto, seja os anjos bem como nós, quando estamos a serviço do Senhor, somos assistidos pelo Espírito Santo e seu poder e força nos motivam a enfrentar o que for por amor a Ele.

Quando Paulo nos fala sobre nos revestirmos deste poder, como se fosse uma roupa, uma túnica, ele está nos revelando que o cristão necessita ir para o combate espiritual, não com suas forças e nem mesmo confiando em suas habilidades, mas se colocando totalmente nas mãos de Deus sendo dependentes d'Ele.

Ora, os anjos assim como você, são revestidos deste poder. em cada ministério no Paraíso e na Terra, os anjos são assistidos pela Graça Divina. Eles não possuem o poder, mas participam da Onipotência divina[37].

Esse ensinamento sobre o revestimento do poder de Deus em Miguel, tendo como fonte o Espírito Santo, possui seu respaldo nas artes sacras antigas, onde por cima da cabeça do Arcanjo encontramos a pomba do Espírito Santo, que o reveste com sua luz, como nas imagens a seguir:

A maioria dos ícones e imagens pintadas do Arcanjo, nos mostram um anjo revestido de armadura e forte contra o mal, mas que possui uma luz que o envolve como se lhe protegesse e o conduzisse. Isso é muito significativo, uma vez que já vimos que Miguel não dá nenhum passo se o Senhor não

---

37 Cfr. Pseudo-Dionísio, *Hierarquia Celeste*, IX.

estiver com Ele. Este fogo do Espírito Santo lhe dá a autoridade contra todo o mal.

O Arcanjo Miguel é o exemplo claro dessa total dependência do seu Deus. Já o seu nome "Quem como Deus?", revela em si mesmo que esse não coloca suas forças sobre si mesmo como fez o príncipe das trevas que caiu. Não! Miguel reconhece em todos os momentos que não há outro a quem devemos honra, glória e poder.

Neste sentido, o Apóstolo Judas nos narra em sua Epístola a respeito da disputa Miguel com Satanás por causa do corpo de Moisés. Aqui, neste texto, podemos ver como e em que modo Miguel vence o espírito maligno:

> *"Ora, quando o Arcanjo Miguel discutia com o demônio e lhe disputava o corpo de Moisés, não ousou fulminar contra ele uma sentença de condenação, mas disse somente: que o Senhor te repreenda"* (Jud, 9).

O texto mencionado revela-nos algo surpreendente: Miguel, mesmo tendo a primazia em poder sobre o Maligno, não o expulsou ou agiu contra ele por si mesmo. Ao contrário, a arma que fez com que Satanás nesse contexto fosse derrotado, está na humildade do Arcanjo que deixa Deus repreender o Maligno.

Não sabemos ao certo o motivo dessa disputa. Pode ser que a origem dessa contenda esteja vinculada ao fato que o inimigo pretenderia fazer do corpo de Moisé, ou de sua sepultura, um lugar de culto ou adoração ao servo de Deus, tirando, portanto, a centralidade da adoração ao Altíssimo.

Nesse sentido, Miguel, que é aquele que guarda o mistério da adoração, se coloca entre o espírito maligno e o corpo do profeta, para que não fosse profanado e nem mesmo vilipendiado as relíquias do legislador do Sinai.

Não deterei nessa narrativa bíblica, porque aprofundaremos esse texto mais à frente, quando falarmos sobre Miguel como guardião dos moribundos e das almas. O que importa é que o texto nos ensina que o Arcanjo destrói as insídias do Diabo por meio da sua humildade e reconhecimento em saber que, mesmo tendo a consciência de ser um ser celestial poderosíssimo, acima dele existe um poder ainda maior que o rege e que domina as trevas mais perigosas.

Algo importante deve-se, porém, ressaltar. Judas, nesse versículo, nos apresenta por um lado o Arcanjo Miguel, chefe e Príncipe dos Anjos bons e, do outro lado, o Diabo, príncipe dos demônios e chefe dos anjos maus.

O que o autor aparentemente deseja nos comunicar é que, mesmo sendo mais forte e tendo a primazia contra o seu inimigo, Miguel não ousa usar palavras de injúrias contra o pior dos demônios.

Ao mesmo tempo que vemos a sua total resignação à vontade de Deus, o que me chama ainda mais atenção na atitude do Arcanjo, é que ele mais uma vez faz jus ao seu nome, ao reconhecer que não há outro como o Senhor e não existe outro lugar em que ele deseja estar senão debaixo da presença do Todo-Poderoso, no sentido que Miguel se refugia e se submete à vontade de Deus deixando ao Senhor a faculdade de dar a sentença.

Seu modo de agir mais uma vez nos ensina, que na vida, diante das dificuldades e tribulações, não podemos agir por impulso e nem mesmo por nossas forças, mas buscar entender que a autoridade e poder vêm do Senhor e por Ele e Nele que conseguimos destruir as estruturas infernais contra nossas vidas.

Portanto, revestir-se do soberano Poder de Deus é ter a consciência da pequenez da criatura ante a imensidão do seu criador, capaz de nos ensinar o tempo todo que, mesmo na tempestade mais forte da vida, a confiança nos ensina que o barco, mesmo balançando em meio às ondas, não vai virar e afundar, porque quem conduz a vida do fiel, é o próprio Deus invisível.

Uma coisa é muito clara para Miguel: mesmo quando o barco da vida dos anjos parecia afundar e o rumor da tempestade de rebeldia e insubmissão dos anjos revoltosos contra Deus ganhasse força, isso não foi uma distração para que ele deixasse ser seduzido pelo mal. E por quê? Por causa da sua total dependência d'Aquele que lhe podia acolher e lhe dar colo, refúgio e consolo.

A Armadura do Arcanjo

A armadura espiritual a qual refere o apóstolo Paulo, pode ser empregada ao Príncipe da Milícia Celeste em sentido de analogia, para explicar a profundidade e grandeza do arcanjo. Claramente, quando o apóstolo se refere a essa armadura, não está pensando aos anjos, mas à Igreja nascente. Todavia, a leitura espiritual dessa passagem para refletir sobre a armadura de Deus, não foge da reflexão teológica e angelológica, ao contrário a enriquece.

A palavra para armadura utilizada no texto em grego é: πανοπλία *(panóplia)*. Essa palavra faz referência a inteira indumentária do soldado que é constituída de: couraça, escudo, espada, lança, capacete e peitoral.

Tal palavra aparece somente três vezes no Novo Testamento, sendo duas vezes em Efésios 6 e uma em Lucas 11, 22.

A armadura é a segurança do combatente diante dos perigos da guerra. Ao mesmo tempo se constitui a sua segurança. Certa vez, Jesus foi surpreendido por uma acusação da parte dos fariseus a respeito de uma libertação que havia feito. Enquanto expulsava um espírito maligno surdo e mudo, Nosso Senhor foi acusado pelos fariseus de obter poder para libertar os endemoniados por permissão de Belzebu, o conhecido príncipe dos demônios para o mundo judaico.

Cristo rebate a acusação dizendo que se a autoridade questionada da parte de seus adversários é absurda, uma vez que seria incoerente que Satanás expulsasse alguém de seu exército. Portanto, se ele então o faz significa que é maior e mais forte que todos os espíritos malignos comandados pelo Diabo (Lc 11, 19-20). Sua força não está em nenhum demônio da Terra, mas na ação do poder do Espírito Santo, Dedo de Deus, que faz fugir todas as hostes infernais.

É justamente neste contexto, que o Messias usará a palavra Armadura *(Panóplia)* pela primeira vez. Ele diz:

> *"Quando um homem forte e bem armado, guarda sua moradia, seus bens ficarão seguros; todavia, se um mais forte o assalta e o vence, tira-lhe a <u>armadura</u> na qual confiava e distribui seus despojos"* (Lc 11, 20-22).

Veja que nessas poucas linhas, Jesus nos ensina que a armadura, para esse homem forte que confia em sua força, é a sua segurança. Mas do que adianta possuir uma armadura e estar seguro em casa, se um outro guerreiro mais forte chega e toma sua proteção? O que Cristo está dizendo? Não basta possuir uma armadura se a força que a reveste não vem do Espírito Santo. Logo, podemos entender que a diferença entre os que estão com Cristo e os que estão com Satanás, é que os que confiam no Senhor não colocam suas seguranças na armadura física por mais perfeita que esta seja. A sua esperança está no poder de quem é mais forte e capaz de expulsar e reprimir as insídias do inimigo.

Nesse sentido, Cristo é o homem forte que tomará as seguranças de Satanás, tirará sua armadura e distribuirá seus despojos, isto é, tudo aquilo que o inimigo roubou de cada um de nós. Jesus irá distribuir e devolver a você a dignidade de filho que, durante séculos, a antiga serpente buscou roubar e destruir.

Sendo assim, ao remetermos esta reflexão a Miguel, a nós e aos anjos, chegamos a uma primeira conclusão: a armadura que vestimos para a guerra, não nos protegerá, se antes não formos revestidos pelo poder de Deus e de seu Espírito, que é a força para combater todo o mal.

É por isso que o primeiro convite de Paulo não é o de vestir a armadura, mas antes de se refugiar e revestir-se do poder de Deus como já falamos acima. Logo, o que move o Arcanjo Miguel não é sua força e virtude conquistadas por sua fidelidade, mas sim o que o torna imbatível é justamente a sua total sujeição ao único poder que vem de Deus.

Está claro que a nossa luta não é contra homens de carne e sangue, mas sim contra os espíritos malignos que Miguel combateu no Céu e que Cristo venceu pela sua morte e ressurreição. Todavia, ainda existe uma guerra a qual devemos lutar. Esta armadura pertence a Deus e por sua graça é dada a nós como também foi concedida aos anjos. O Príncipe dos Anjos, portanto, é revestido desta arma sobrenatural.

Cinturão da Verdade

> *"Portanto, ponde-vos de pé e cingi os vossos rins com a verdade" (Ef 6, 14).*

O primeiro elemento da armadura é o cinto da verdade. Para os povos antigos o cinto representava, autoridade e fortaleza. Ao mesmo tempo este era símbolo de fidelidade. O próprio Jesus na visão do Apocalipse usa um cinturão de ouro em volta da cintura (Ap 1, 13).

Este envolve o corpo de fora a fora e, portanto, é um chamado de Deus para sermos fiéis na verdade que é Cristo e, ao mesmo tempo, forte em testemunhá-Lo com prontidão e coragem. Diante da guerra espiritual, seja no mundo visível no invisível[38].

Na batalha angélica, Miguel se cingiu com este cinto, não negando a Deus, mas com autoridade proclamou a verdade em relação ao Criador, que é o Deus verdadeiro e que não há outro fora dele.

Nas antigas iconografias do Arcanjo Miguel, o vemos cingido com este cinto, que envolve sua cintura e seu corpo, representando que sua vida está mergulhada na verdade que vem de Deus. As duas imagens a seguir deixam bem claro o que estou afirmando:

---

38 Cfr. Dicionário de Figuras e Símbolos Bíblicos, 56.

Ao mesmo tempo que proclama a verdade que é caminho, verdade e vida, seja para os anjos como para nós, Miguel também é verdadeiro, consigo mesmo e conosco. Ele se coloca como antagonista daquele que é o pai da mentira, que se reveste do engano e da manipulação. Portanto, é com clareza, sinceridade e total transparência, que Miguel nos ensina que para vencer o mal precisamos inicialmente sermos verdadeiros conosco mesmo, reconhecendo quem somos, vivendo uma verdadeira conversão a Deus.

A Couraça da Justiça

"Revesti-vos da couraça da justiça" (Ef 6, 14).

A couraça era um elemento fundamental na proteção do soldado. Feita de metal ou couro resistente, esta tinha como objetivo ser uma proteção do pescoço até a cintura, protegendo, portanto, os órgãos vitais como o coração, pulmão, rins.

A metáfora da couraça, nos apresenta algo interessante, esta proteção não é comum, mas ela é a própria justiça de Deus, manifestada em nós e nos anjos ante ao pecado. Revestir-se desta couraça é ser justificado pelo próprio Senhor. Ao mesmo tempo devemos nos comportar eticamente e virtuosamente em sermos justos, irrepreensíveis, como assim o é Miguel. A virtude da justiça nada mais é do que dar ao outro aquilo que lhe compete e que lhe pertence[39].

Ora o que isso significa então em relação a Deus e ao próximo? Que devemos a Deus lhe prestar adoração e culto verdadeiro, entregando o nosso coração e nossa vida a serviço dele e em rendimento total aos seus pés. Miguel em tudo o que faz devolve a Deus aquilo que lhe compete. Lembremo-nos no cântico dos viventes que diz assim:

> "Digno és tu Senhor nosso Deus, de receber a glória, a honra e o poder, pois tu criaste todas as coisas; por tua vontade elas não existiam e foram criadas" (Ap 4, 11).

Aprendemos, portanto, que a esta couraça da justiça que temos que vestir, possui uma via de mão dupla. Por um lado, Deus nos justificou, em Jesus, e nos fez homens novos (Efésios 4, 24), mas por outro devemos colocar em prática esta graça recebida de

---
39 Cfr. Tomás de Aquino, *Summa Teologica*, II-II, q .58, art. 1c

Deus para com ele e para com o próximo. Quem é justo nunca perde a batalha.

O Justo Miguel vence o injusto inimigo do Senhor. Em poucas palavras podemos dizer que uma das coisas que movem Miguel para estar ao nosso e ensinar-nos a adorar a Deus, é que nós somos do Senhor, e junto com os anjos fomos criados por Ele, para Ele.

Nessa criação, Satanás quis usurpar esta obra desejando se tornar senhor dela. Logo, o Príncipe dos Anjos, ao combater por você, está também em Jesus Cristo, buscando te devolver para o Senhor. Por isso o arcanjo intercede por nós e pela nossa verdadeira conversão.

Os calçados do anúncio do evangelho da paz

> *"calçai os vossos pés com a preparação do evangelho da paz"* (Ef 6, 15).

Já aprendemos no capítulo anterior, que as sandálias representam o senhorio, bem como o poder de quem as calça. O príncipe Moisés as usava. Assim também as sandálias do Arcanjo, presentes em seus pés que pisam sobre o dragão, representa soberania e poder contra o espírito maligno. Ao mesmo tempo as sandálias representam a humildade de alguém que recebeu o mandato para realizar uma missão.

João Batista irá nos dizer a respeito do Messias, que ele não se sente digno nem de desatar as sandálias do Senhor (Mc 1, 7).

O calçado também significa prontidão e vigilância. Ao memo tempo, agilidade em poder, com alegria, anunciar a boa nova do Senhor. De fato, o anúncio da boa notícia é uma missão dos anjos. Todavia esta missão comum que temos como nossos irmãos celestiais, agora é mais evidenciada por meio desse calçado, que protege nossos pés contra os espinhos ao longo do caminho.

O Evangelho traz a paz para nossas guerras interiores. Por isso, muitas vezes o Arcanjo Miguel, será chamado de anjo da paz. Ele combate em nosso favor, para que afastando para longe o inimigo da nossa alma, em Jesus, possamos receber a consolação de quem entendeu que não existe melhor lugar para estar e de declarar que o verdadeiro Príncipe da Paz, isto é, o nosso Jesus, está no meio de nós.

A paz que o evangelho nos traz não é aquela que o mundo dá, mas aquela que não é passageira, que nos mantem focados e firmes no propósito de, com coragem, continuar nossa peregrinação neste mundo, sabendo que não estamos jamais sozinhos.

Miguel está pronto, com os pés calçados, para lhe anunciar que as portas do Paraíso estão abertas para você!

Escudo da fé

> *"Empunhando sempre o escudo da fé, com o qual podereis extinguir os dardos inflamados do Maligno" (Ef 6, 16).*

De fato, esta virtude infusa pelo Espírito Santo em nós, é algo que intrigou os perseguidores da Igreja ao longo dos séculos.

Na armadura cristã, o apóstolo ensina que a fé é como um escudo de proteção contra os dardos inflamados do Maligno. Como proteção diante das dúvidas que se levantam, a fé é capaz de se manter inabalável e nos faz acreditar nas promessas de Deus, mesmo quando não compreendemos na sua plenitude. Uma das melhores definições que expressam a virtude da fé, se encontra neste versículo da Carta aos Hebreus:

> *"A fé é a garantia dos bens que se esperam, a prova das realidades que não se veem" (Hb 11, 1).*

Quando Deus se apresentou pela primeira vez na entrada da tenda de Abraão e o convidou para iniciar com Ele a aventura da fé, na longa jornada para terra prometida, o Senhor prometeu ao patriarca que seria seu escudo e sua proteção diante de seus inimigos (Gn 15, 1).

Davi, quando venceu os poderosos filisteus, declarou que o Deus de Israel foi seu escudo e força no meio da batalha (2Sm 22, 3). É o próprio Deus que se coloca à frente como escudo e proteção para aqueles que o temem (Sl 91, 4). Ora, talvez você esteja se perguntando o que esta reflexão tem a ver com o Arcanjo Miguel? Lhe respondo que o escudo de proteção que o Arcanjo empunha é a crença inabalável no seu Deus. Quando no momento da prova dos anjos, o Espírito das trevas começou a espalhar a dúvida entre os santos anjos, Miguel se levantou e com um único brado, declarou sua total adesão a vontade de Deus e aos seus desígnios. Portanto, ele acreditou ao contrário do Soberbo Dragão.

Assim sendo, na batalha espiritual por nós, São Miguel não está empunhando um escudo seu, mas do Senhor. Ele também se refugia debaixo da sombra do Altíssimo e pernoita sob aquela tenda, sendo abraçado pelas asas do Senhor. O que o faz enfrentar os dardos inflamados do maligno, é que sua confiança está depositada totalmente no Senhor. Este é o ato de maior adoração e louvor que podemos entregar a Deus. Mesmo diante das dificuldades em meio a guerra, devemos no esconder atrás do Todo-Poderoso.

Percebeu o mistério imenso que tem por dentro do escudo do arcanjo? Não é um escudo que seja seu, mas por acreditar em seu Deus, o próprio Altíssimo, se coloca entre ele e os inimigos. É por isso que o Príncipe dos Anjos luta valorosamente, não com suas forças, mas se escondendo no secreto do próprio Deus que se coloca à sua frente.

Assim é também conosco. Deus sempre estará disposto a se colocar entre nós e nossos inimigos.

Quando na plenitude do tempo, o nosso maior inimigo, isto é, a morte se levantou contra nós e nos aprisionou por causa de nossos pecados, o Filho de Deus desceu e se entregou naquela cruz, se colocando entre nós e a morte, vencendo-a e abrindo para você uma porta que ninguém poderá jamais fechar.

Como vimos no início deste livro, a vida de São Miguel e dos anjos é cristocêntrica, isto é, tem a Cristo, a Segunda Pessoa da Santíssima Trindade, como o centro de suas vidas. Temos que entender de uma vez por todas, que Miguel adorou o Verbo antes e depois de se encarnar, e quando se prostra em sua presença na sala do trono, ele e seus irmãos, veem um Deus alto e majestoso, que venceu a morte, e que não somente é Espírito, mas agora depois do mistério da encarnação possui corpo e ama aos anjos e a nós com um coração humano.

Assim como para nós a pior coisa que pode nos acontecer é a morte, para os anjos que não morrem é a queda. Deus esteve presente quando uma terça parte dos anjos caíram, e quando Adão nosso primeiro pai, também foi enganado pela serpente, ele desceu e derramou seu sangue precioso[40].

É por isso que muitas imagens e iconografias cristãs do Arcanjo Miguel quando representado com escudo, vemos uma cruz desenhada com o emblema. Por vezes o sinal da cruz vermelha, inspirada na an-

---

40 Cfr. Tomás de Aquino, *Summa Teologica*, I, q. 64, art. 2.

tiga cruz de São Jorge, nos faz lembrar o sangue de Cristo, arma esta que o Arcanjo possui contra os inimigos da mulher[41].

Penso que uma imagem que possa representar a nossa reflexão é esta de Raffaelo di Sanzio:

---

[41] Cfr. BRUNO MAGGIONI, *Michele e gli Angeli nelle Scritture*, in ANTONIO SALVATORI, *Il faro di San Michele tra angeli e pellegrini*, Edizioni Rosminiane, Stresa 1999, p. 27.

Capacete da salvação

> *"E tomai o capacete da salvação" (Ef 6, 17).*

O capacete tem como objetivo proteger a cabeça. Em analogia a isso, o apóstolo nos fala sobre a salvação, que é como um elmo de um soldado que o protege. Nesse sentido, a cabeça é também representante da mente, onde está o nosso órgão vital, o cérebro. Qualquer pancada forte em uma luta com a cabeça descoberta, poderia ser fatal se não houvesse esta proteção. Ora, por que Miguel usaria um capacete?

Temos que lembrar que a batalha que aconteceu entre os anjos, não foi em um lugar físico. Na verdade, este embate ocorreu em suas mentes, onde Satanás e seus anjos, buscaram lançar a confusão entre os eleitos do Senhor, assim sendo colocar o capacete da salvação é uma linguagem metafórica para nos dizer que, na luta espiritual, necessitamos nos proteger, lembrando-nos da salvação que vem de Deus. Nós precisamos o tempo inteiro lembrar que quem nos salva é o Senhor e, portanto, por mais que pareça que com nossas próprias forças conseguiríamos vencer, fica muito claro que é o próprio Deus que nos salva.

A teologia entende que o processo de salvação acontece em dois momentos na história. O primeiro momento aconteceu quando a Trindade Santa, em um gesto de amor imenso, decidiu por sua própria vontade criar o mundo. Entre todas as coisas que criou, seja as do mundo invisível como do mundo visível, Deus em meio a estas duas realidades, infundiu o seu sopro de vida, dando a graça do intelecto seja aos anjos por primeiro, bem como a nós, seres humanos. Se formos nesta linha, sobretudo em direção a tradição cristã oriental, então Deus por sua imensa misericórdia, nos salvou da irracionalidade, dando a nós e aos anjos a graça de poder viver Nele e para Ele e, portanto, entrar em relação com Deus[42].

A "salvação" dos anjos deve ser entendida no momento da prova em que estes passaram. Em meio a decisão livre que deveriam tomar, todos foram assistidos pela graça divina, mas a escolha de acolher este dom estava nas mãos dos que assim desejassem. Portanto, no meio da prova angélica, Deus não os abandonou, mas os chamou para entrar em sua presença. Logo, podemos falar de um tipo de salvação que os tirou da perfeição de sua natureza, para entrar na plenitude da bem-aventurança eterna.

O segundo momento da criação acontece somente por causa de nós homens e da nossa salvação, quando o homem peca e, caindo em sua própria falta, se distancia do seu Criador. Por Amor, o Senhor desce por meio de Jesus Cristo e nos salva pelo Seu sangue redentor.

Sendo assim, a armadura de Deus protege a mente de Miguel e de todos os soldados de Cristo,

---

[42] Cfr. NICOLA CABASILAS, *La Vita in Cristo*, IV, 617 b.

recordando-nos que a nossa mente e a nossa vontade precisam ser protegidas e guardadas pelo Senhor. Por isso, Miguel, ao entrar em embate contra os nossos inimigos, não se deixa seduzir porque sua mente foi guardada pelo Deus Salvador.

A poderosa espada de São Miguel

"e a espada do Espírito, que é a Palavra de Deus"

A espada era a arma mais letal no mundo antigo. Um soldado deveria possuí-la para se defender e derrotar seus inimigos. Assim sendo, a espada aqui mencionada é a própria pregação e vivência das Sagradas Escrituras reveladas. Miguel possui uma espada nas mãos. Essa espada que o Príncipe dos Anjos usa, destrói seus inimigos.

Se o acusador tenta corromper a criação do Senhor, Miguel brande a espada dos mandamentos, anúncios do Senhor. O Arcanjo conhece profundamente os mistérios do Verbo Encarnado, Palavra de Deus que se fez homem e habitou entre nós. De novo, é o Cristo a ser a arma do cristão e do Arcanjo.

Na idade média a interpretação da espada que sai da boca de Cristo (Ap 1, 6), é sinal de julgamento que atinge os condenados. Essa mesma arma, Miguel tem nas mãos contra os espíritos condenados ao fogo, que andam pelo mundo para perderem as almas[43]. Assim, como aconteceu na visão de Zacarias, em que o

---

43 Cfr. Dicionário de Figuras e Símbolos Bíblicos, 92.

derrotado Satanás acusava o sumo sacerdote, Miguel, ao ver o acusador contra nós, expressa a palavra que vem Deus e o derrota, destruindo suas acusações!

O Arcanjo se torna vencedor de todo o mal, quando anuncia o Evangelho, isto é, a boa notícia da salvação que vem do Nosso Deus. Foi assim na última batalha entre os anjos e o será nos últimos tempos. Com Miguel aprendemos, portanto, que a força de cada cristão está fundamentada na Palavra de Deus. É ela que nos sustenta e nos auxilia a permanecer firmes no propósito. Ao mesmo tempo, essa mesma Palavra a que Miguel se refugia, não é somente frases e pronuncias, mas uma Pessoa.

É por intermédio do Espírito de Deus, que reconhecemos a Verdadeira Palavra que se encarnou e habitou em meio a nós. O Verbo Divino é o próprio Filho de Deus. Ele é a Vida que escondida se manifestou:

> *"No princípio era o Verbo, e o Verbo estava com Deus. E o Verbo era Deus. Ele estava no princípio com Deus, tudo foi feito por meio dele e sem ele nada foi feito. N'Ele o que existe é a Vida e a Vida era a luz dos homens" (Jo 1, 1-3).*

Neste sentido, a espada do Arcanjo, que ele proclama, é a Palavra do próprio Filho de Deus. Miguel não se afasta nenhum milímetro daquilo que Deus lhe comunica e anuncia. Enquanto o nosso inimigo tenta nos distrair, fazendo-nos cair em nossas angústias ante as tribulações, o Príncipe dos Anjos, nos exorta, orienta e ensina, que é alimentando-se de

Cristo e colocando-O no centro de nossas que venceremos qualquer inimigo. Esta Palavra Eterna é o princípio de tudo o que existe. Ele é soberano sobre tudo o que veio depois dele por Sua Vontade[44].

Logo, a arma letal de Miguel é o próprio Filho de Deus. Já vimos que a causa da queda dos anjos em sua soberba, tem sua raiz, no mistério da vinda do Verbo ao mundo. Miguel se levantou com toda a autoridade, para defender esse mistério e ao mesmo tempo a Glória de Deus.

Portanto, o Arcanjo adorador não usa suas próprias palavras, mas sim as que ouviu e aprendeu com a Segunda Pessoa da Trindade. Ao usar a espada do Espírito, que é Verbo da Vida, Miguel vence o autor de todo o mal. Se Cristo é luz, Satanás é trevas. Se Ele é o princípio da Vida, o Diabo é o autor da morte. Sendo assim, nas batalhas travadas contra os demônios, o Arcanjo possui em sua boca, as palavras de vida eterna, que é a própria pessoa de Jesus que esmaga a cabeça da serpente.

A vida é a essência do Príncipe dos Anjos, e está profundamente ligada ao Filho de Deus, uma vez que é por meio d'Ele que tudo existe e pelo qual os anjos vivem (Cl 1, 16). Mais uma vez, a total entrega desse ser espiritual de luz a Deus, nos remete a adoração e ao louvor, mais lindo e belo que uma criatura possa exercer. Seu nome "Quem Como Deus?", é uma rei-

---

44 Cfr. PAULO VI, *Homilia sobre são João*, 2, 4.

vindicação do lugar da primazia de Cristo sobre todo mal. Portanto, essa espada que corta e destrói nossos inimigos, é a mesma que se encarnou no ventre da Virgem Maria e por nós, e para nossa salvação, desceu dos céus.

Tudo isso prova-nos o amor que o Primeiro entre os anjos no Céu possui por Jesus e por sua missão salvadora em relação aos homens. Por isso, ele é considerado, nas ladainhas e orações antigas da Igreja como "Perfeito adorador do Verbo Divino"[45]. Este título, dado a ele pela piedade popular, nos revela algo mais profundo: Miguel ama Jesus Cristo e faz d'Ele o centro de sua vida. É por meio do nome poderoso de Jesus que todo joelho se dobra no Céu e na Terra, e nos infernos, para confessar que Cristo é o Senhor (Fl 2, 10-14). É por isso que nas antigas iconografias de Miguel encontramos o inimigo subjugado debaixo de seus pés. O oponente jaz vencido debaixo dos pés do arcanjo representa justamente o poder que o Verbo de Deus possui, através de seu amado príncipe e, portanto, faz se prostrar até os demônios que se levantam contra você.

Ficou portanto claro, que a espada empunhada pelo Arcanjo, nada mais é do que a Palavra de Deus pronunciada, e ao mesmo tempo o próprio Cristo que vence o dragão infernal por intermédio de seu arcanjo. Esta espada representa também a capacidade que podemos ter para separar o mal do bem, e

---

45 Cfr. RAFAEL BRITO, *Orando com os Santos Anjos,* 96.

ao mesmo destruir as insídias do Diabo. Sempre será pela Palavra de Deus que venceremos qualquer tentação.

O próprio Cristo em sua vida terrena nos ensinou, no deserto da dor, que se vence as tentações e ataques do maligno, através da própria Palavra de Deus. A tentação no deserto nos mostrou que Jesus não se dobra as insídias do Diabo, mas lhe rebate com a própria Escritura.

Quando lhe é proposto de transformar pedras em pão, por causa de sua fome o Senhor responderá: *"Não só de pão vive o homem, mas de toda Palavra que sai da boca de Deus"* (Mt 4, 4), nos ensinando que o alimento que dá vida não é o material, mas o espiritual. Jesus implicitamente está contestando o Demônio ao lembra-lo que Ele é a própria palavra e o pão da vida que alimenta e sacia a fome de quem se alimenta (Jo 6, 48).

Em segundo momento, quando o Diabo lhe fará a proposta de pular do pináculo do templo, Cristo lhe responderá usando uma passagem de Dt 6, 16: *"Também está escrito: Não tentarás o Senhor teu Deus"* (Mt 4, 7). Ensinando-nos o sentido verdadeiro que temos que possuir em relação ao Altíssimo e jamais pedir-lhe provas do seu amor. Deus nos ama independente dos sinais extraordinários de que se possa ter. Se ele fizer milagres Ele é Deus em nossas vidas, mas se não fizer isso não muda em nada aquilo que Ele mesmo o é para conosco em amor e misericórdia. Veja que a espada da palavra enquanto arma é utilizada por Jesus contra as tentações do maligno. Seu efeito é devastador para o acusador. Na segunda tentação Cristo nos ensina a confiar em Deus, sem lhe pedir sinal algum. Porque o amor é gratuito, simples e confiante.

A terceira prova de Jesus exalta ainda mais o poder da palavra. Ao levá-lo a um monte alto, Satanás lhe propõe todos os reinos da Terra se este lhe adorar. O Senhor usará a palavra que define também Miguel:

> *"Vai- te Satanás pois está escrito: adorarás ao Senhor teu Deus e somente a Ele prestarás culto" (Mt 4, 10).*

Assim sendo, Jesus nos ensinou que adoração, nada mais é do que relação exclusiva e singular para com Deus. Somente a Ele prestarás culto e adoração. A nenhum outro deveremos devotar a nossa vida. Quem é Miguel se não aquele que diante das tentações e presunções do inimigo se levantou e reordenou a adoração no Céu? Veja que a palavra como espada, coloca em ordem o caos levantado, expulsa para longe as presunções do maligno e nos coloca em nosso lugar.

Portanto, a espada do Arcanjo nada mais é do que a capacidade de ter uma decisão cirúrgica, direta e rápida, diante das seduções do mundo. A ousadia do diabo em pedir ao Filho de Deus que lhe adore, beira a loucura. Mas este é o efeito que o pecado da soberba exerce naqueles que dele vivem. Jesus ao responder ao demônio que somente a Deus prestarás culto, lhe recorda que também os espíritos malignos devem se ajoelhar e submeter-se a Ele enquanto Filho de Deus[46].

Ao mesmo tempo é uma mensagem dada a nós: precisamos de estar com a nossa vida inteira voltada para a verdadeira fonte de vida e adoração.

A palavra aqui utilizada no grego é: προσκυνέω *(proskynéō)*, que significa em sua tradução literal: beijar a mão, colocar-se em reverência e cair de joelhos. Nesse sentido, o Cristo permanece de pé ante a tentação, não se curvando a Ela, mas permanecendo fiel a si mesmo e a seu Pai celestial.

O ensinamento que podemos tirar desse texto e ligá-lo ao Príncipe dos Anjos, é forte: os nossos joelhos devem-se dobrar e prestar culto de adoração somente ao Senhor, nosso Deus. A Ele sempre será a honra, a glória e o louvor para sempre.

Essa expressão também está ligada ao serviço, porque também o servir cuidando do outro é um modo de culto agradável ao Altíssimo. Por isso, ao contrário do Diabo, que em todo o momento da tentação se coloca como alguém superior, vemos que os anjos se aproximam logo depois que Jesus expulsa o Diabo. Mateus nos dirá que em seguida:

> *"os anjos de Deus se aproximaram dele e 'O serviram'"* (Mt 4, 11).

---

46 Cfr. Tomás de Aquino, *Catena Aurea*, Lectio IV: V 8-11, 153.

Entre estes anjos que se aproximaram para servir ao Senhor, se encontrava o glorioso Arcanjo. Nesse sentido, esse serviço que Miguel e seus irmãos celestiais, prestam a Deus nada mais é do que adoração que o Diabo, em sua loucura narcisista, exigiu de Cristo. Ora, é pela própria Palavra encarnada, que somos ensinados a voltar o nosso olhar e nosso coração para fonte inesgotável de vida, nos colando a serviço de adoração a Deus. Sobre isso nos ensina Santo Agostinho:

> *"Pelo nome de servidão, entende-se o culto devido a Deus"*[47].

Comandados pelo Arcanjo Miguel, os anjos no deserto se prostram em serviço diante do seu Senhor. A diaconia (serviço) exercida aqui por intermédio dos santos anjos, contrapõe a presunção do maligno de não servir e não prestar o culto e reverência verdadeira ao Filho do Altíssimo. Por outro lado, a atitude angélica, nos mostra como os santos anjos se comportam e como vivem suas vidas: prostrando-se e servindo a Deus com todo o seu ser (Ap 4, 4).

Assim sendo, vemos que a Espada do Espírito Santo a que Miguel empunha, possui em si mesmo a força e o poder de rechaçar a serpente enganadora. O Arcanjo jamais usará palavras frívolas e vazias. Sempre em sua boca se encontrará a adoração verdadeira ao Verbo de Deus. Esse seu amor por Jesus o faz estar próximo de nós de uma maneira toda especial.

---

47 Santo Agostinho, *De Civitate Dei*, 10, 1.

Diante da sua grandeza e poder, ao contrário de Lúcifer, Miguel não desejou ocupar o lugar que pertencia ao Criador. Ao contrário, sua missão entre os anjos e entre nós é de reconduzir àquela essência primordial, em que o centro e sentido da vida desemboca na Trindade Santa.

  Uma antiga tradição no monte Gargano que remete ao ano de 1675, quando a peste dominava a região, traz um ritual todo peculiar: a benção com a espada de São Miguel. Tal espada se encontra nas mãos da imagem venerada no monte. A cada ano, no dia 29 de setembro, a espada sai em procissão nas mãos do reitor do santuário ou do bispo diocesano, tendo ao lado a relíquia da cruz e ao centro o Santíssimo Sacramento.

  Essa benção dada a todo o mundo tem uma simbologia profunda. A espada se encontra ao lado da relíquia da cruz, em um relicário de cristal. Mas, ao centro de ambas se encontra o Santíssimo Sacramento, que para nós é a presença real do próprio Cristo.

Tal rito é vinculado à adoração a Jesus Sacramentado, fazendo-nos entender que a arma que Miguel usa sempre será a adoração devida a Deus colocando-o no centro de sua vida[48].

Ao fim de tudo, a adoração e o louvor a Deus, constitui-se como a arma mais eficaz contra o Maligno. Ter um coração adorador é a essência de todo cristão batizado. Portanto, revestir-se da armadura de Deus é ter uma atitude constante de respeito, veneração, adoração e serviço a Deus e aos irmãos.

Para finalizar esta nossa reflexão, deixo o ensinamento de um antigo padre da Igreja, São João Crisóstomo, que escreveu sobre esta armadura divina, forjada por Deus para nós, que mesmo revestidos de carne e sangue, precisamos combater com os mesmos inimigos que Miguel combateu e venceu no Céu. Ele nos diz:

> *"Enchamo-nos de confiança, e despojemos de tudo para afrontar estes assaltos. Cristo nos revestiu de armas mais resplandecentes que o ouro, mais resistentes que o aço, mais ardentes que a chama, mais ligeiras que um leve sopro de ar. São armas de natureza totalmente nova, pois foram forjadas para um combate inédito. Eu, que não sou mais que um homem, vejo-me obrigado a assestar golpes aos demônios, eu que estou revestido de carne, luto contra as potências incorpóreas. Também Deus me fabricou uma*

---

48 Cfr. https://www.iltimone.org/news-timone/contro-il-coronavirus-estratta-la-spada-di-san-michele-arcangelo-defende-nos--in-proelio/

couraça que não é de metal, mas de justiça. Me preparou um escudo, mas não de bronze, mas de fé. Tenho na mão uma espada aguda, a palavra do Espírito."[49]

---

[49] São João Crisóstomo, *Catequeses Batismais*, III, 11-12.

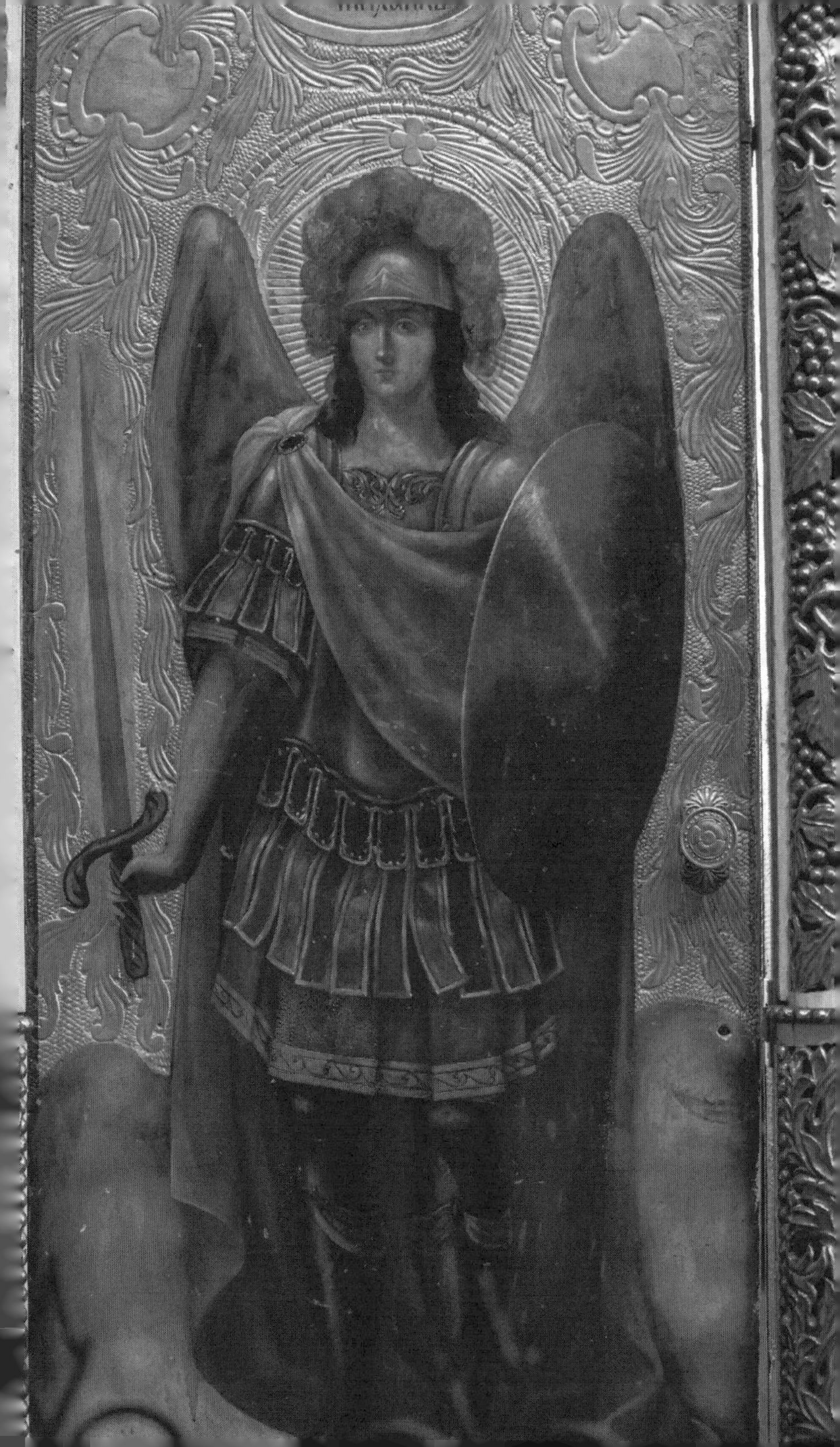

CAPÍTULO VI

O ARCANJO MIGUEL NA TRADIÇÃO JUDAICA E CRISTÃ

O lugar que Miguel ocupa na tradição judaica é singular. Desde o início, seja na tradição escrita bem como naquela oral, os judeus sempre identificaram o arcanjo como o guardião e consolador do povo hebreu.

Nos escritos dos rabinos, o Príncipe dos Anjos aparece sempre ao lado Arcanjo Gabriel. O primeiro representa a bondade e a compaixão de Deus para com seu povo, em quando o segundo a justiça e a sentença divina. Neste capítulo desejo lhe mostrar que, a partir da visão judaica, podemos entender melhor quem é e como se move Aquele que precipitou Lúcifer do Céu.

A missão de cada anjo expressa as características daquilo que Deus é. Por exemplo: Miguel, a bondade e compaixão; Gabriel, a justiça e a santidade; Rafael, a cura e o cuidado. Para isso, quero analisar contigo alguns títulos que, ao longo da teologia judaica, Miguel recebeu.

Príncipe e defensor de Israel

> *"O Príncipe do reino da Pérsia me resistiu durante vinte e um dias, mas Miguel, um dos primeiros Príncipes, veio em meu auxílio. Eu o deixei afrontando os reis da Pérsia e vim para fazer-te compreender o que sucederá a teu povo, no fim dos dias, porque há ainda uma visão para esses dias" (Dn 10, 13-14).*

Já vimos que toda a ação do Arcanjo se baseia em seu amor a Deus e por conseguinte a suas criaturas, sejam as celestes bem como as terrestres. Por causa desse amor que abrasa seu íntimo, Miguel se lança para defender aqueles que estão sob o jugo do maligno.

O profeta Daniel, enquanto exilado na Babilônia, tem uma visão da qual ele não compreende. Esta predição está vinculada ao futuro de seu povo e ao mesmo tempo da sua salvação. Todavia, durante vinte e um dias, o profeta enfrenta uma batalha espiritual terrível. Ao término desse período lhe aparece o Arcanjo Gabriel, que veio para lhe anunciar e lhe fazer conhecer os desígnios de Deus para com seu povo.

Mas aconteceu uma primeira resistência, da parte do anjo protetor da Pérsia, como que não deixando-o completar sua missão. É o próprio Gabriel que revelará a Daniel que em seu auxílio veio Miguel, um dos primeiros príncipes, que vindo em seu auxílio, abriu caminho como que em uma clareira, para que a mensagem e a vontade de Deus fossem cumpridas.

Já nesse texto, podemos perceber a disposição do Arcanjo não só para com o povo eleito, mas também para com o seu irmão celestial, isto é, São Gabriel. Aqui podemos também compreender que entre os santos anjos existe a cooperação para que os desígnios do Altíssimo se concretizem. Eles, na batalha espiritual, agem como um corpo bem unido em comunhão com o seu Deus.

Miguel para os judeus se coloca como aquele que protege e defende contra as insídias dos inimigos espirituais de Israel, se colocando a frente e enfrentando quem quer que for em defesa do nome do Altíssimo e para a proteção de seu povo[50].

O fato de ser já chamado por Príncipe pelas Sagradas Escrituras, faz de Miguel alguém muito importante e de alta hierarquia no mundo angélico e para Israel. Mas a pergunta que talvez podemos fazer é: como um anjo, ser invisível, de espírito puro pode ser o Príncipe daqueles que herdaram a promessa de Deus feita a Abraão? A resposta aparentemente pode parecer simples, mas ela carrega em si um mistério imenso, que toca a vontade insoldável do Senhor.

O fato de ser nomeado como Príncipe do povo eleito, nos mostra que o Arcanjo se "identifica" com aquela nação. Nesse sentido, me vem em mente o que a doutora da Igreja, Santa Hildegard de Bingen, disse a respeito dos anjos nomeados por Deus para guardar os homens:

> *"Desde o momento em que Deus estabeleceu que os anjos deveriam assistir aos homens, Ele os tornou parte da comunidade humana"* [51].

---

50 Cfr. GIORGGIO OTRANTO, *Il Santuario di San Michele sul Gargano, tra storia e devozione*, 16.

51 ILDEGARDA DI BINGEN, *Causae et curae, Tebner, Leipzing* 1903, p. 26, 53.

A profundidade de tal afirmação pode por um momento nos assustar. Como pode um anjo, um ser superior a nós em santidade, grandeza, luz e poder, se identificar conosco? Tal realidade só é possível porque Deus, quando sonhou o Céu, desejou que este fosse habitado por anjos e homens. Por isso, a partir da salvação concedida a nós por meio de Jesus Cristo, hoje o Céu é habitado por anjos de luz e por seres humanos que andaram neste mundo. Uma única sociedade e uma única família[52].

Sendo assim, para os judeus, Miguel representa não somente o arauto de Deus que desce do Céu para defendê-los ou combater o mal, mas muito mais que isso. Para a tradição israelita, o Arcanjo faz parte efetivamente do povo eleito, uma vez que sua unidade e comunhão com os filhos de Israel está também vinculada ao Messias[53].

Como Príncipe do povo eleito, Miguel exerce um papel de ministro, embaixador do Senhor, que vai à frente do povo para lhe abrir caminho diante de seus inimigos. Ele será identificado pela tradição como o anjo que vai a frente de Israel para lhe preparar o caminho e lhe conduzir à terra prometida. Nele está o nome do Senhor e aqueles que dele se aproximam lhe devem respeito, reverência e obediência (Ex 23, 20).

---

52 Cfr. Tomás de Aquino, *Super Evangelium S. Mattthaei*, 18,10, Marietti, Roma 1951, 1504.

53 Cfr. The Jewish Enciclopedia, 538.

Muito do que aprendemos dos anjos, seja em ambiente cristão bem como aquele judaico, deriva dos apócrifos. O mais conhecido entre eles é o livro de Enoque, que usaremos aqui para trazer luz a nossa reflexão.

Enoque é levado pelos ventos até a habitação dos justos (Céu), onde escuta as súplicas de oração e intercessão dos santos que ali estão diante do altar de Deus. Ao mesmo tempo, essa habitação é também a casa e as asas do altíssimo (Sl 91), que acolhe todos os que se refugiam nela. Ao escutar as orações e louvores dos anjos, Enoque se depara com o anjo da Misericórdia e da tolerância, o qual descobre se tratar de São Miguel. A voz que canta louvores ao Senhor deixa o profeta impressionado pela beleza da melodia[54].

A precedência que Miguel exerce em relação aos anjos a respeito do povo eleito é imensa. O reconhecimento do seu amor e cuidado para com os descendentes de Abraão é reconhecido. Encarregado por Deus de apresentar as orações, o Príncipe dos Anjos recebe a guarda da única nação até então que carrega a promessa e aliança com o Altíssimo. Ser guardião, protetor e advogado da nação eleita é um privilégio que Deus confiou ao nosso Arcanjo. Assim nos diz o livro de Enoque:

---

54 Cfr. THE JEWISH ENCICLOPEDIA, 537.

> *"Miguel é um dos santos Anjos encarregado da melhor parte da humanidade, encarregado da nação"*[55].

Perceba o respeito dirigido a Miguel, chamado de um dos santos anjos, e que a ele foi confiado interceder pela nação que, no futuro, traria ao mundo o Salvador. Ele recebe a missão de conduzir e acompanhar os filhos de Abraão. Deus lhe concede a graça de ter no mistério da salvação um lugar que lhe é único e singular. Seu amor para com Deus e seu Filho, lhe dará o lugar de destaque entre todos os outros. Sua vida a partir de então, sempre será ligada aos escolhidos e filhos da promessa. Será ele, ao longo dos séculos, a preparar e interceder para que o Senhor venha. Imaginemos todos os percalços que os Israelitas passaram desde a sua saída do Egito. Os vários exílios, guerras, derrotas e vitórias. Como não pensar nos grandes massacres que o pequeno povo da mesopotâmia sofreu. Quando seu templo foi destruído mais de três vezes e na amargura de seu sofrimento, levados acorrentados e cativos para longe de sua pátria? Em todo o processo histórico de sofrimento, ali estava de pé, diante do Todo-Poderoso, o Arcanjo Miguel que jamais deixou de apresentar suas súplicas e orações por Israel[56].

Como um irmão mais velho que defende os mais pequeninos e fracos, Miguel vem em socorro daqueles que colocam sua confiança em Deus e não

---

55 ENOQUE, 20, 5.
56 Cfr. THE JEWISH ENCICLOPEDIA, 536.

nele, uma vez que sua vida há como centro e meta o próprio Senhor, que lhe envia para libertar os cativos e restaurar as ruínas.

No estudo da angelologia sempre será necessário recordar que os anjos não agem por iniciativa própria e nem mesmo caminham sozinhos. A iniciativa primeira vem de Deus, que age com Misericórdia e compaixão para aqueles que lhe invocam com fé. É o amor ardente a Deus e a nós que faz com o Príncipe dos Anjos se humilhe para nos encontrar, e se rebaixe para combater com o espírito imundo, simplesmente porque ele mesmo encontrou em sua vida o sentido de sua existência: o Amor. Esse amor que vem de Deus a quem o criou e lhe habita, o faz intercessor, amigo fiel e companheiro da história da nação eleita.

Existe uma participação ativa de Miguel e dos anjos no mundo. Por vontade divina, aqueles que habitam as salas da eternidade, consomem suas vidas também para que o propósito e a vontade de Deus aconteça na Terra. É por isso que Miguel se identificará com o povo eleito e será então considerado seu protetor e consolador incansável[57].

Mais tarde, com o advento de Cristo, Miguel se tornará o guardião da Igreja e de cada batizado, uma vez que em Jesus Cristo somos o povo eleito pelo seu sangue e frutos da nova aliança celebrada na cruz,

---

57 Cfr. S. BULGACOV, *La Scala di Giacobbe*, 80.

por meio do sangue do Redentor. Miguel, desde então, será invocado em toda a Igreja como o príncipe da Milícia Celeste, e protetor da família de Cristo na Terra e no Céu[58].

Miguel, anjo da misericórdia e compaixão

Umas das coisas mais lindas que aprendi ao escrever este livro sobre o grandioso Arcanjo, foi que seu ministério vai além da simples aparência de um arcanjo guerreiro e de um general adestrado em batalhas. O ser humano sempre será tentado a reduzir as coisas excelsas em realidades particulares, sejam elas de cunho de ofício, seja da simples aparência.

A falta de conhecimento e até mesmo de um estudo aprofundado em relação ao Arcanjo, o diminuiu a sua realidade bélica. Todavia, para a tradição judaica e bem como posteriormente aquela dos primeiros séculos do cristianismo, sempre viu em Miguel a expressão da bondade e misericórdia de Deus que pacientemente não desiste de seu povo de dura cerviz. Em seu nome, o príncipe do Céu carrega o convite de olhar para Deus e dele não tirar os olhos. Sua capacidade de amor e bondade, o faz se colocar ao lado daqueles que são acusados por Samuel (um dos nomes de Satanás nos escritos rabínicos), e inter-

---

[58] Cfr. João Paulo II, Discurso a população de Foggia, Foggia, 31 de maio de 1987, 3.

cedendo pelos pecadores, expulsa para longe aquele que deseja a nossa perdição[59].

No *Midrash Rabah*[60], do livro de Rute, temos uma referência ao Arcanjo Miguel e à sua missão em se tornar a expressão da bondade de Deus, em relação ao povo de Israel. Esta bondade por primeiro está ligada ao recebimento da Torá, que é a palavra de Deus e seus mandamentos entregues a Moisés. Comentando o texto de Dn 10, os sábios entendem que o Arcanjo permaneceu em silêncio antes de se levantar para defender o povo eleito no dia da grande tribulação. Deus lhe dirá:

> *"O Santo, bendito seja Ele, disse a Michael: 'Você ficou quieto e não defendeu meus filhos, por sua vida falarei sobre bondade e através disso salvarei meus filhos!'"* [61].

E como Deus salva neste contexto? Enviando o próprio Arcanjo para que possa interceder e salvar pela sua oração, os filhos de Israel da provação da guerra e do extermínio. Então veja, não é somente um simples ato de guerrear e enfrentar o demônio. Quando Miguel se manifesta em nossas vidas, ele está sendo efetivamente para nós a manifestação da bondade e preocupação de Deus que diante das lutas da vida, sabe que você não pode ficar sozinho.

---

59 Cfr. Pesik. R. 44 [ed. Friedmann, p. 185a].

60 O *Midrash* é a exegese profunda que os rabinos antigos usavam para interpretar os textos das escrituras. Hoje a compilação deste se encontra sobretudo no Talmude.

61 Cfr. Ruth Rabbah, *Petichta*, 1.

Mesmo depois da queda que coincidiu com a expulsão dos nossos primeiros pais do Éden, Deus não os abandonou em seus erros, mas em sua bondade continuou a assisti-los em todos os detalhes. Se, por um lado, a antiga serpente desejou a destruição do ser humano, Deus não desistiu de buscá-lo e cuidar de suas necessidades. Já vimos que Miguel lutou contra o Dragão por dois motivos. O primeiro foi para defesa da glória de Deus e de seu filho que se encarnaria. Já o segundo motivo foi seu amor para conosco. Em Gn 3, 19, logo após a queda do homem, Deus lhe diz que ele deverá trabalhar e conseguir o pão com o suor de seu rosto, e com fadiga colheria o fruto da terra em meio a cardos e espinhos. Aparentemente parece um castigo pelo qual Adão está destinado a enfrentar sozinho durante toda a sua vida. Mas, com Deus as coisas não funcionam assim.

Em um antigo texto apócrifo do I Século, de origem judaica chamado "Vida de Adão e Eva" ou "Apocalipse de Moisés", encontramos a presença do Arcanjo em justamente ensinar Adão a cultivar a terra para alimentar sua família, logo depois do nascimento de Caim:

> *"Adão tomou Eva e o menino e os levou para o oriente. Então o Senhor mandou Miguel ensinar Adão a agricultura para que conseguisse os frutos para que vivesse eles e toda sua descendência."*[62]

---

62 Vita di Adammo ed Eva, 22.

Como é belo não é mesmo? Miguel desce do Céu para ensinar os nossos primeiros pais os meios para se sustentarem e garantirem um futuro para a humanidade. Mesmo sendo de origem não canônica, o texto nos demonstra o pensamento judaico a respeito do grande ministro de Deus. Ele será a companhia da humanidade em tempos de dificuldades e provações. Sua presença motiva e nos encoraja em tempos difíceis (Dn 12, 1).

Talvez possamos nos perguntar: como um ser espiritual pode entender sobre agricultura? Quem pode nos responder esta pergunta será São Tomás de Aquino. De fato, o doutor angélico nos ensina que por causa da natureza superior dos anjos a nós, estes possuem o conhecimento de todas as coisas naturais. O que significa isso? que os anjos possuem noção de tudo o que existe na criação de Deus. Por isso então podemos dizer que o Arcanjo entende também sobre sobre agricultura[63].

Sua missão de cuidado e consolo ainda será visto em muitas de suas ações. O livro da Vida de Adão e Eva nos narra algo surpreendente: Miguel permanecerá presente no primeiro parto da humanidade. O texto nos conta que Eva em dores de parto se desespera, pensando que Deus lhe havia abandonado. Mas quando tudo parecia difícil e escuro o milagre acontece:

---

[63] Cfr. TOMÁS DE AQUINO, *Summa Theologica,* Q. 51, Art. 2.

> *"Eis que vieram 12 anjos e 2 Virtudes que se colocaram a direita e esquerda de Eva; E Miguel de pé a sua direita. Lhe tocou o rosto e a barriga. Disse o Anjo: Beata seja você, Eva, por causa de Adão, que grandes são suas orações. Por causa de sua oração, fui mandado por Deus, para trazer-te a ajuda dos anjos do Senhor. Força! Prepara-te para o parto! Quando se preparou nasceu-lhe um filho esplêndido!"*[64]

O auxílio de Miguel e seus anjos a Eva, nos faz lembrar o próprio livro do Apocalipse, a nova Eva, isto é, a Virgem Maria está para dar à luz ao seu filho, mas o Dragão lhe espera para levar a morte a sua criança. Nesse momento a batalha no Céu acontece. A misericórdia e cuidado exercida pelo Arcanjo, nos motiva ainda mais a compreender os mistérios da providência de Deus através de seus anjos.

O Papa Bento XVI, em sua homilia de Páscoa, nos ensinará a respeito da tradição herdada pelos cristãos, diretamente do livro de Adão e Eva. Veja o que o Papa Emérito nos diz:

> *"Uma antiga lenda judaica, tirada do livro apócrifo 'A vida de Adão e Eva', conta que Adão, durante a sua última enfermidade, teria mandado o filho Set juntamente com Eva à região do Paraíso buscar o óleo da misericórdia, para ser ungido com este e assim ficar curado. Aos dois, depois de muito rezar e chorar à procura da árvore da vida, aparece o Arcanjo Miguel para dizer que não conseguiriam obter o óleo da árvore da misericórdia e que Adão deveria morrer. Mais tarde, os leitores cristãos adicionaram a esta comunicação do arcanjo, uma palavra de consolação. O Arcanjo teria dito que, depois de 5.500 anos, viria o benévolo Rei Cristo, o Filho de Deus, e ungiria com o óleo da sua misericórdia todos aqueles que*

---

[64] Vita di Adammo ed Eva, 21.

acreditassem nele. 'O óleo da misericórdia para toda a eternidade será dado a quantos deverão renascer da água e do Espírito Santo. Então, o Filho de Deus rico de amor, Cristo, descerá às profundezas da terra e conduzirá o teu pai ao Paraíso, para junto da árvore da misericórdia'"[65].

Perceba que nesta homilia o Papa nos traz uma tradição judaica que foi absorvida tardiamente pela comunidade cristã. A árvore da misericórdia que na leitura dos primeiros seguidores de Jesus é a cruz de Cristo, traz para nós o azeite da cura e da consolação. Ao mesmo tempo, esse óleo que o Arcanjo promete que virá no futuro é o óleo do sacramento do batismo, que ungindo nossos corpos, transforma a nossa existência humana dotada de matéria, em templos do Espírito Santo.

Não sei se você já participou do rito da sagração de uma Igreja. Normalmente, o Bispo celebrante unge com o óleo consagrado as colunas das Igrejas e o altar. Esse rito é para que aquele edifício esteja apto para celebrar os mistérios divinos e, ao mesmo tempo, pronto para acolher a glória de Deus que descerá sobre o altar e que se tornará fonte de vida através dos sacramentos, para a santificação dos fiéis[66].

---

65 BENTO XVI, *Homilia Sábado Santo*, 3 de Abril de 2010; Cfr. PE. MARCIO ALMEIDA, *São Miguel Arcanjo, Defendei-nos no combate*, Editora Santuário, 40.

66 Cfr. PONTIFICAL ROMANO, *Dedicação da Igreja e do Altar Dedicação da Igreja E do Altar,* 74-80.

Todavia, tal rito é também uma prefiguração do que somos. No batismo, o Espírito Santo enche a nossa alma desta unção. É por isso também que nós quando falecemos, temos o ritual das exéquias, onde se abençoa o corpo daquele fiel que fez sua Páscoa. Por que se abençoa o corpo? Porque este é santo, uma vez foi a casa de Deus. Então veja o mistério profundo da presença do arcanjo em nossas vidas: ele, junto com teu Anjo da Guarda e todos os anjos no Céu, intercedem por ti e pela sua vida, para que todo o nosso ser, alma, corpo e espírito, seja totalmente habitado e inundado pela misericórdia e amor de Deus.

Primeiro entre os anjos de Deus, depois da queda de Lucífer do Céu, hoje São Miguel Arcanjo, assim como intercedeu por Eva e seus filhos, intercede também por ti. Junto com teu Anjo da Guarda, o grande adorador do Senhor intercede dia e noite com um amor que o abrasa, por você para que quando terminares os teus dias, possas entrar na glória de Deus.

Já imaginou como será este dia? Contemplaremos o nosso Deus. Abraçaremos o nosso Amado Jesus que se entregou e se deu naquela cruz por nós. Logo em seguida, contemplaremos o sorriso e alegria do Príncipe dos Anjos, de te ver entre seus irmãos. É muito amor! E é somente este amor que é capaz de mover alguém tão poderoso e forte, para descer e interceder por ti.

Protetor das Almas e companheiro na hora da morte

Desde tempos antigos, seja para a tradição judaica bem como aquela cristã, Miguel terá o título de quem recebe as almas depois da morte. Sua presença protetora e consoladora, se faz presente no momento derradeiro da finitude terrena. Duas invocações conhecidas nas ladainhas antigas em relação ao Príncipe dos Anjos afirmam:

> "São Miguel Arcanjo, luz e confiança das almas no último momento da vida, rogai por nós; São Miguel a quem o Senhor incumbiu de receber as almas depois da morte, rogai por nós".

De onde vem então a tradição de entender que Miguel está relacionado também ao último momento da nossa vida? As raízes de tal crença vem primeiro do judaísmo. A morte é o nosso maior inimigo. Ela é consequência do pecado e, portanto, o seu salário (Rm 6, 26). Ela também é o nosso último inimigo que foi vencido por Cristo (1 Cor 15, 26).

Se por um lado Deus é o autor da vida, Satanás, com sua delirante ideia de querer se igualar a Deus, se torna o autor do pecado e da morte. Sua estratégia será aquela de em todo o tempo nos levar a morte eterna, que supera a biológica, isto é, a morte que nos conduz ao inferno, longe da presença de Deus. De fato, a morte espiritual é muito maior que aquela física, uma vez que esta consiste em estar longe da presença de Deus e fora da sua comunhão.

É por isso então que, sabendo Miguel que o plano Maligno é este de nos conduzir para longe da presença do Senhor, o Príncipe dos Anjos se coloca como uma presença para guardar a nossa alma no último momento da vida terrena. Antes de continuar nossa reflexão, vejo necessário chamar atenção a um pormenor importante: Miguel te quer no Céu. Sua luta constante contra Satanás, se dá também por tua causa. O Arcanjo, por amor a cada um de nós seus irmãos, te deseja junto a ele e aos anjos no Céu, então mais uma vez que fique claro: o que motiva o Arcanjo é seu Amor ardente que habita sua essência, este amor como dissemos anteriormente é o próprio Deus.

Uma das referências desta presença do Arcanjo na hora da morte, está presente em um antigo texto chamado "Testamento de Abraão"[67]. Nessa tradição se diz que Miguel se coloca como aquele que guarda o justo Patriarca e o apresenta diante de Deus. Sua presença na hora da morte dos justos será atestada também na disputa que este terá com satanás por causa do corpo de Moisés, que o Apóstolo Judas escreve em sua carta no Novo Testamento (Jd, 9). Evidentemente que esta tradição como já dissemos a qual o apóstolo do Senhor se refere, faz referência ao apócrifo Enoque e outros escritos rabínicos, como no *Midrash* de Moisés, que narra mais detalhadamente este acontecimento[68].

Nesse sentido, podemos dizer que a tradição da presença do Arcanjo enquanto guardião e protetor das almas dos justos é bem conhecida pelos judeus em tempos antigos. E que já nos tempos do Novo Testamento, os primeiros cristãos vindos do judaísmo co-

---

[67] Cfr. TESTAMENT OF ABRAHAM , *Robinson, "Texts and Studies"* , II. 2, Cambridge, 1893.
[68] Cfr. MIDRASH PETIRAT MOSHEH, *in Jellinek*, l.c. vi. 75 et seq.

nheciam muito bem a ligação que o Arcanjo Miguel possuía com as almas dos justos e sua luta em favor deles. Isso com certeza era de entendimento comum, seja nos estudos da Torah bem como nos ensinamentos dos rabinos[69].

Assim sendo, podemos nos maravilhar até aqui em perceber que o Arcanjo Miguel, na tradição judaico-cristã, jamais foi reduzido ao seu aspecto de guerreiro e general dos exércitos do Senhor. Sua presença é a manifestação constante da bondade e misericórdia de Deus nos momentos difíceis da vida. Mas, essa presença se faz ainda mais forte quando este se coloca do lado do moribundo para lhe dar forças para continuar.

Ainda na apócrifa "Vida de Adão e Eva", Miguel é enviado por Deus como resposta às súplicas de Seth, terceiro filho de nossos primeiros pais e lhe diz:

> *"Eu sou Miguel, a quem o Senhor confiou os corpos dos homens que morrem."*[70]

Que poderoso não é mesmo? Esta revelação é surpreendente, uma vez que exalta ainda mais a figura do Príncipe dos Anjos. Veja como você é amado e querido por Deus. Além do teu Anjo da Guarda, que decidiu permanecer contigo até o fim e que será também sua companhia no último suspiro, Deus enviará seu Arcanjo para te receber e interceder por ti.

---

69 Cfr. THE JEWISH ENCICLOPEDIA, 538.
70 VITA DI ADAMMO ED EVA, 41.

Outro texto de origem judaica, nos narra que na hora da morte de Adão, Miguel se fazia presente, para que ele não se sentisse só. Quando Adão morre, Miguel sobe aos céus louvando e bendizendo a Deus pela vida de Adão, proclamando a santidade de Deus que se manifesta em sua misericórdia[71].

Todo esse conceito da presença do Arcanjo na hora da morte foi absorvida pela tradição cristã. São Boaventura, quando tratará sobre os três arcanjos, em seu sermão sobre o Salmo 90, nos falará um pouco mais detalhadamente sobre a missão de Miguel que, além de guerreiro, também exerce por excelência a missão de guardar e conduzir as almas dos justos ao Paraíso[72].

Nesse sentido, a presença de Miguel na hora da morte, foi inúmeras vezes expressa pelas artes cristãs. Nelas vemos sempre Miguel vestido com sua armadura de Guerra, pronto para escoltar o fiel até Deus. Veja a imagem a seguir, onde nos exprime a morte de São José. Se você prestar bem atenção verá o Arcanjo ao lado do leito de morte já intercedendo para que a passagem do justo seja tranquila. A beleza desta verdade de fé é que enquanto estamos agonizando para passar desta vida para a outra, temos a interseção dos santos e do Príncipe Celestial:

---

71 Cfr. APOCALIPSE DE MOISÉS, 43.
72 Cfr SÃO BOAVENTURA. *Serm. diversis*, sermo 61, n. 5 (OSB XII/2, 388-390).

Este seu modo de conduzir as almas e protegê-las na hora da morte e depois, tem um nome singular para a nossa tradição católica romana e oriental. O nome dado ao Príncipe dos Anjos é de *pscopompo* (condutor das almas). Esse detalhe nos remete a um antigo texto apócrifo, em que narra-se a dormição e assunção da Virgem Maria aos céus. Chegando o momento final da Virgem ser levada aos céus, Deus envia Miguel para lhe conduzir e acompanhar a mãe do Redentor e agora rainha dos anjos.

Com toda honra que lhe é devida, o texto narra que Nossa Senhora assunta aos céus, sobe conduzida entre os cânticos dos anjos que louvam a Deus pela vida de Maria. O chefe desta procissão extraordinária é Miguel, que recebe do Senhor diretamente a ordem de pegar o corpo bendito da Virgem nos braços e levá-lo ao Paraíso. De fato, a teologia nos ensina que Maria foi assunta em corpo e alma por seu Filho, Ele em pessoa veio buscar sua mãe. Todavia, nessa narrativa, temos um detalhe importante: com Jesus vem os anjos e Miguel com eles:

> *"E eis que veio o Senhor, com uma multidão de anjos, e Miguel, príncipe dos anjos cantava hinos. Então Maria abriu sua boca e bendisse a Deus dizendo: Ti bendigo, Cristo Onipotente, porque não me negastes nada, a tudo aquilo que me prometestes. Assim dizendo entregou sua alma ao Senhor que foi levada por Miguel até o Paraíso."*[73]

A referência a Miguel no último momento da Virgem Maria nesta Terra, nos atesta seu amor e devoção à Mãe de Jesus. Você consegue imaginar a alegria que sentiu em seu espírito o Arcanjo que antes da criação combateu e lutou contra o Dragão infernal? Ele que por causa do mistério da encarnação e da mulher que daria à luz o Filho de Deus feito Homem, agora a escolta em corpo e alma até a entrada do Paraíso? Este mesmo Miguel que acompanhou Nossa Senhora te acompanhará também até a entrada no Céu!

---

[73] APOCALIPSE DA VIRGEM, *Transito Colbertiano dal Cod. di Parigi* lat. 2672, 3, 7-12.

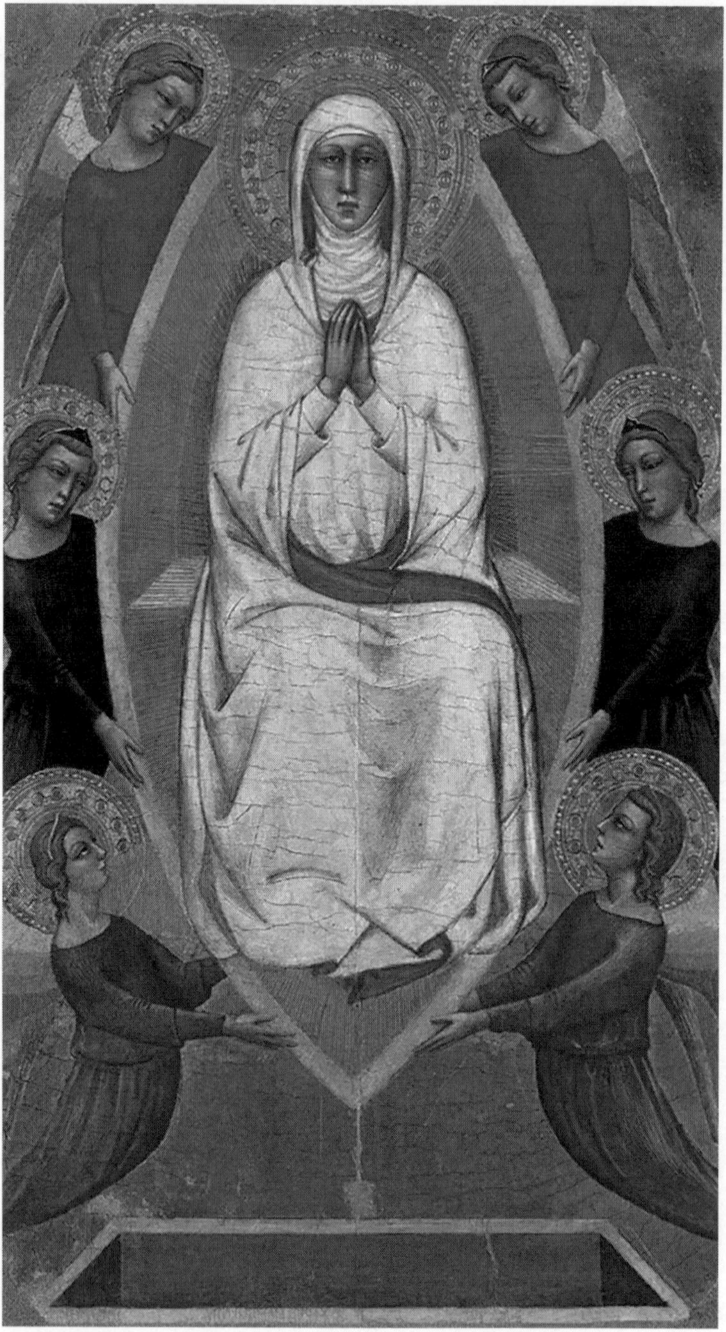

É baseada nessa tradição que a arte sacra ocidental e oriental, nos apresentam as clássicas imagens da assunção de Maria aos céus, rodeada de anjos que em meio as nuvens sobem junto com ela. Veja essa imagem clássica da Assunção. Os anjos estão ao redor da mãe de Deus, representando a alegria destes de acompanhá-la até o Céu.

Tenho certeza de que, como eu, você esteja maravilhado com tanto conhecimento a respeito do nosso querido Arcanjo. O fogo de amor que ilumina a essência do Príncipe dos Anjos, arde em você. Sim, o Espírito Santo de Amor, o Dom do alto, que se manifesta como vida eterna em nós, faz que seu coração ainda mais esteja em comunhão com os santos que, ao fecharem os olhos nesta vida, foram acolhidos e conduzidos por São Miguel.

Espero que a partir de agora, que em teu coração possa reacender de novo a esperança, de que ninguém morre sozinho. Quando aquele ente querido, amigo e familiar, partiu sem receber seu abraço, saiba que estes foram abraçados pelo general de Deus e por seus anjos. A partir de agora, todas as vezes que teu pensamento se lembrar do Príncipe dos Anjos, tenha em mente o amor que este possui por ti e por todos nós.

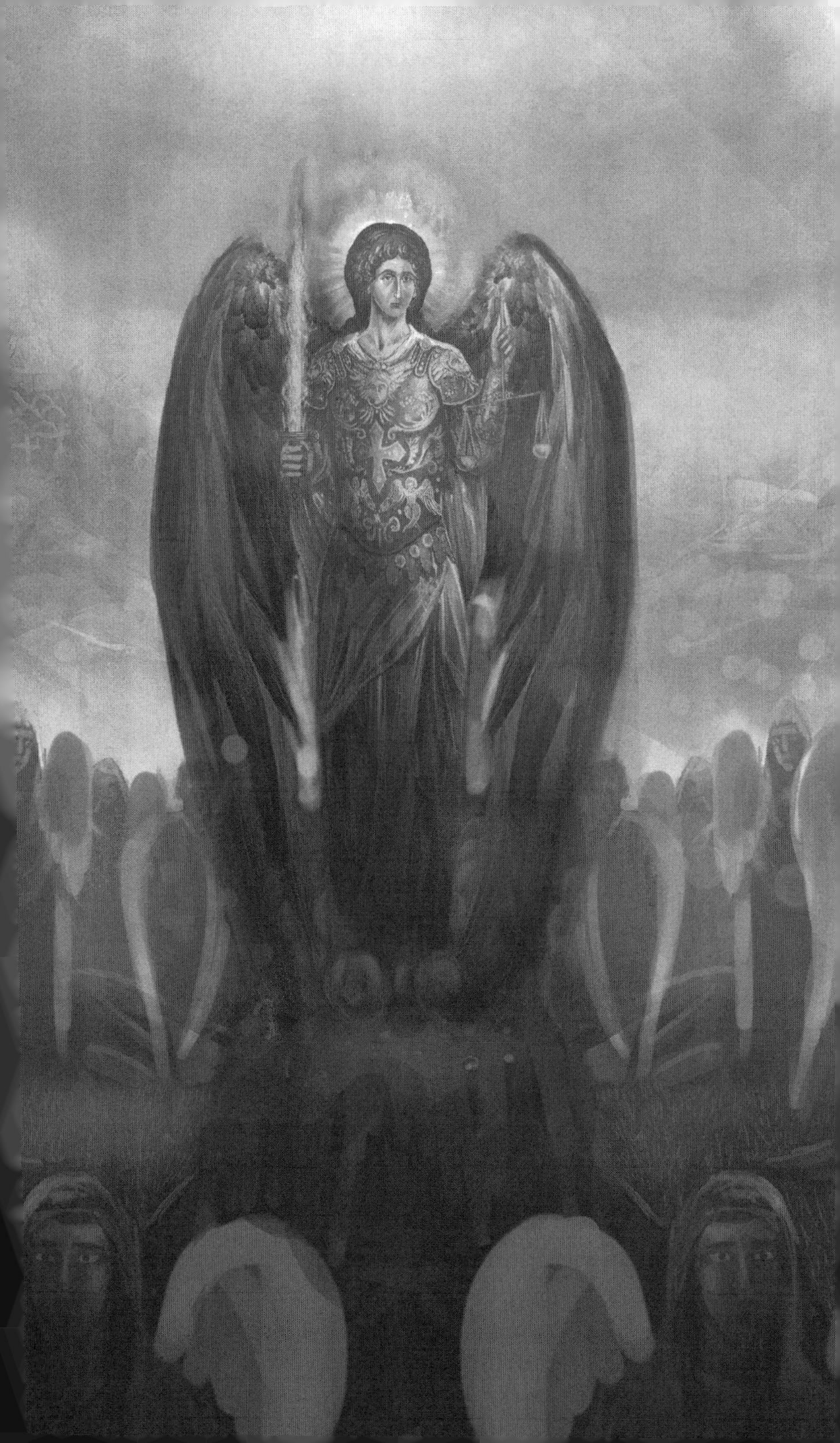

CAPÍTULO VII

UM SERAFIM DE FOGO: O VERDADEIRO LUGAR DE MIGUEL ENTRE OS ANJOS

Até agora você pôde aprender comigo, que o Arcanjo Miguel possui um lugar especial, reservado somente a ele, diante de Deus e entre seus irmãos angélicos. Que lugar seria esse? O chefe da Milícia Celeste que foi reduzido somente as suas funções de guerreiro e general dos exércitos de Deus possui um lugar diferente do que estamos acostumados a entender? Prepare-se para se surpreender ainda mais neste capítulo. Tudo o que falarei aqui não será baseado em meros achismos da minha parte. Me basearei em textos sólidos, colhidos no tesouro da tradição, magistério e das Sagradas Escrituras.

Redução exegética para simples Arcanjo

Para você que leu os primeiros dois livros da trilogia, já deve ter aprendido sobre a hierarquia dos anjos, sistematizada pelo teólogo anônimo do quinto século que se escondeu sobre o nome de Dionísio Areopagita, que de conseguinte recebeu o nome de Pseudo-Dionísio. Este em sua obra "Da Hierarquia Celeste", buscou organizar as várias ordens angélicas que encontramos nas Sagradas Escrituras bem como na cultura judaica. Assim sendo, ele as dividiu da seguinte forma:

I. Hierarquia: Serafins, Querubins e Tronos
II. Hierarquia: Dominações, Virtudes e Potestades
III. Hierarquia: Principados, Arcanjos e Anjos.

Mas a teologia da hierarquização, que foi sucessivamente assumida por Gregório Magno e estudada a fundo por São Tomás de Aquino, nunca foi na verdade uma preocupação que a Igreja teve em declarar ser um argumento fechado. Ela não é para nós algo vinculante a fé, isto é, não é dogma[74]. Dionísio, na verdade, vivendo e bebendo da cultura grega neoplatônica, de um modo muito específico do pensamento de Proclo, entendia que os anjos, à luz destes ensinamentos em que os deuses precisavam de intermediários, chamados de demiurgos, faziam a ponte entre os homens e a divindade[75].

Todavia, essa intermediação, para nós católicos, só é possível por intermédio do Verbo de Deus, o Próprio Filho, a qual depende a origem de todo ser, espiritual e celeste. Isto significa que a hierarquia celeste está errada?

De forma alguma. Ela durante séculos nos iluminou a respeito destes seres maravilhosos e reais que em todo tempo caminham conosco. Porém, temos que dizer que a própria sistematização de Dionísio limita e condiciona os anjos a seu ministério e exercício diante de Deus, falando mais de suas funções do que de suas essências. E deve-se dizer ao mesmo tempo que tal ideia de hierarquia dos anjos, pode ser um

---

[74] G.L. MULLER, *Dogmatica Católica, Teoria e Prática da teologia*, 101.

[75] Cfr. Renzo Lavoratore *L'angelo, um fascio di luce sul mondo,* 152.

modo de expressar também o modo da adoração no Céu[76].

Para Dionísio, a luz divina se manifesta ao primeiro coro e depois desce aos inferiores, chegando até os da nona hierarquia. Como se os anjos ou arcanjos não pudessem ter acesso diretamente a glória de Deus como o tem os Serafins por exemplo, os primeiros entre esta mesma sistematização hierárquica. Mas já em si mesmo esta visão angélica à luz do ensinamento neoplatônico, corre o risco de distanciar-se da própria revelação divina nas Sagradas Escrituras.

Por exemplo, quando falamos do Anjo da Guarda, esse, segundo a hierarquia de Dionísio, está entre o último coro. Para o teólogo grego, estes últimos deveriam receber iluminação dos anteriores a eles e assim sucessivamente até chegar nos serafins. Todavia, veja o que Jesus, no Evangelho, nos fala a respeito dos Anjos da Guarda das crianças:

> *"Não desprezeis nenhum desses pequeninos, pois eu vos digo que os seus anjos nos céus contemplam sem cessar a face do meu Pai que está nos céus"* (Mt 18, 1-15.10).

O que o Senhor quer dizer é que os Anjos da Guarda possuem um acesso a presença de Deus e contemplam Sua face. Esse acesso de intimidade do Anjo da Guarda não passa por uma intermediação de um anjo superior a ele. Ao contrário, o anjo guardião tem acesso e vê a Deus e fala com ele sobre você.

---

76 Cfr. RAFAEL BRITO, *O Segredo dos anjos*, 38.

Uso este exemplo para poder lhe explicar como a angelologia católica não é um argumento fechado. Todavia sua leitura e entendimento sempre deverá estar em linha com a doutrina que a própria Igreja ensina.

Já os arcanjos são os chefes dos mensageiros *(Malak)*. Seu nome deriva do grego *Archai* que literalmente significa chefe ou primeiro, ou, por sua vez, príncipe. Se seguirmos o ensinamento de Dionísio a risca, veremos então que Miguel se encontraria entre estes do oitavo coro da hierarquia celeste. Mas é mesmo assim? Seriam os arcanjos espíritos que possuem um lugar reduzido entre os demais seres angélicos? Se o Anjo da Guarda contempla a Deus e assiste em sua presença, que tipo de intimidade teria o Arcanjo?

Nesse sentido, por exemplo, Gregório Magno que se inspirou em Dionísio para também tratar dos anjos, nos diz algo impressionante a respeito do anúncio do Arcanjo Gabriel à Virgem Maria:

> *"À Virgem Maria não foi enviado um anjo qualquer, mas o Arcanjo Gabriel. Era muito justo que para uma missão tão grande fosse enviado um anjo entre os maiores, para fazer o maior dos anúncios"*[77].

Veja que através deste exemplo a nossa compreensão vai se alargando e vemos então que seja pelo nome ou pela sua missão, Gabriel não é qualquer anjo entre os outros. Ele é um enviado todo especial da parte divina. Pessoalmente é Deus que lhe

---

[77] GREGORIO MAGNO, *Omelia 34*, 8-9.

chama, lhe dá as orientações e em seguida lhe envia para a maior de todas as missões dos anjos. O anjo da anunciação não precisa receber ordem superior a outro espírito celeste. Neste sentido, um Arcanjo não seria simplesmente um chefe dos anjos da nona hierarquia, mas alguém de um elevado posto entre todos os seres celestiais[78].

É verdade que, para Tomás de Aquino e outros pensadores medievais, um anjo de coro superior não é mandado ao mundo como, por exemplo, um Serafim. Porém, precisamos entender o contexto em que o doutor angélico viveu. Imenso e maravilhoso trabalho teológico feito por ele, tem como base a tradição anterior que sofreu forte influência do Pseudo-Dionísio. Isto não lhe tira, de forma alguma, o mérito e a honra de ser chamado de doutor dos anjos. Porém, a teologia, enquanto ciência que estuda a fé, não se detém em um único autor para chegar às suas conclusões.

Logo, posso afirmar que Tomás é a uma das grandes referências em relação ao ensinamento dos anjos, mas não o único. A tese de que um ser superior não possa ser enviado a uma realidade inferior é refutada pela própria ação de Deus que, sendo o Sumo Bem, o Inacessível, o Todo-Poderoso, se revela, se rebaixa e, na plenitude dos tempos, se encarna e se faz homem. Logo, a natureza divina de Deus que por si

---

[78] Cfr. ANTONINO ROMEO, *Arcangelo*, in Enciclopedia Cattolica, I (Roma 1980) coll. 1791-93.

mesmo é *kenosis,* esvaziamento de si, porque é Amor, faz sim e permite que os mais altos seres estejam a serviço da mais pequena das criaturas, isto é, o homem, que, logo em seguida, será destinado a se configurar a Cristo, e se tornar n'Ele, filho de Deus[79].

Ao analisarmos a história da angelologia, vemos que Miguel então, foi reduzido, junto com os outros arcanjos, a categorias menores no esquema dionisiano. Todavia, veremos que para a tradição judaica, bem como para a própria tradição cristã em geral, o chefe dos exércitos celestes possui um elevado lugar junto ao Altíssimo. Ele é aquele que tem acesso ao lugar secreto da presença de Deus. Possui o privilégio de escutar, pessoalmente e singularmente, os desígnios do Senhor para os anjos e homens. Tendo dito isso, voltemos ao nosso tema principal. Qual é o lugar que Miguel ocupa entre os anjos? Vejamos o que as Sagradas Escrituras e a tradição nos dizem.

O primeiro entre todos os anjos

O nome Arcanjo, atribuído a Miguel, aparece uma única vez em toda a bíblia canônica. Quando este é nomeado singularmente e diretamente, a Sagradas Escritura lhe dá o nome de Príncipe ou primeiro entre os príncipes do Senhor.

A referência mais explícita a este respeito se encontra em Dn 10. De origem apocalíptica, o livro

---

[79] Cfr. S. Bulgakov, *La Scala di Giacobbe*, 78-79.

de Daniel se tornou a inspiração para a redação do livro do Apocalipse de São João. O texto referente ao Príncipe dos Anjos se desenvolve em um tempo de batalha espiritual, onde o profeta procura entender as visões que lhe são reveladas. Então, Deus envia Gabriel do céus para anunciar-lhe sobre as coisas futuras. O Anjo lhe diz:

> *"O Príncipe do reino da Pérsia me resistiu durante vinte e um dias, mas Miguel, um dos primeiros Príncipes, veio em meu auxílio. Eu o deixei afrontando os reis da Pérsia"* Dn 10,13.

A palavra em hebraico utilizada no texto para se referir a Miguel é רַשׂ *(sar)* que literalmente possui em si vários significados: príncipe, governante, líder, chefe, comandante, oficial, capitão, ancião entre o povo, soberano. Tal palavra é a mesma utilizada em Js 5,15, quando o anjo aparece a Josué na entrada da terra prometida. Ao longo de todo Antigo Testamento tal palavra será sempre utilizada para destacar a alta dignidade da pessoa que lidera, comanda ou governa a nome de Deus o povo de Israel[80].

Perceba então, que o próprio Arcanjo Gabriel, revelará a Daniel, que em questões mais altas seja de defesa e guerra, Miguel é superior em força e poder, até mesmo dele a quem os judeus o chamam de embaixador da justiça divina. Sua primazia entre os anjos é manifestada já neste texto. Ele é o defensor de

---

[80] Cfr. Dicionário Bíblico Strong - Léxico Hebraico, Aramaico e Grego, 580 ; The Jewish Enciclopedy, 535.

Israel desde o início da aliança que Deus firmou com Abraão. Dentro da ordem angélica, temos os principados, que são os anjos das nações. Estes por sua vez estão presentes na hierarquia celeste e ocupam o sétimo posto. Todavia aqui não se trata simplesmente de um anjo guardião de uma nação como o é, por exemplo, o anjo da Pérsia, mas sim alguém de uma dignidade maior, que supera até mesmo os demais anjos responsáveis das nações. Ainda no mesmo capítulo, Gabriel fala a Daniel que Miguel é um dos "primeiros príncipes", referindo que exista com ele mais alguns que se posicionam como líder dos demais chefes e comandantes dos anjos.

Mas é no capítulo 12 de Daniel que veremos de fato a dignidade do Anjo protetor de Israel entre os demais espíritos celestes:

> "Nesse tempo levantar-se-á Miguel, o grande Príncipe, que se conserva junto dos filhos do teu povo" (Dn12, 1).

Miguel aqui é nomeado como o grande Príncipe (primeiro). A palavra utilizada no texto hebraico é: רֵשׁ לוֹדֵג (Sar Hagadol). Nesse contexto, a palavra *hagadol* significa: grande, Alto, mais velho, grande em importância e primaz entre os outros. Assim sendo, podemos entender que quando as Sagradas Escrituras falam do Arcanjo Miguel, a ele será dado um lugar de proeminência entre todos os anjos de Deus. Ele é o príncipe de todos os anjos e não somente daqueles espíritos celestiais, ministros de Deus que servem a humanidade. Sua grandeza e primazia, lhe faz possuir um lugar de destaque e ao mesmo tempo de autoridade, de governo e de chefe. Ao mesmo tempo ele é também o Ancião, ou seja, um conselheiro do reino de Deus, logo membro do conselho da corte celeste.

Mas talvez você possa perguntar, mas porque então ele é chamado de Arcanjo seja por Judas e seja também pela tradição? A resposta é simples: Miguel por mais alto e grande que seja, exerce a sua humildade em se rebaixar dos mais altos céus, para caminhar com o povo eleito e, por sua vez, com a Igreja que nós somos membros.

Já dissemos que Miguel é fruto do Amor divino, e, portanto, ele enquanto ser que ama a Deus ama também a nós e tem uma relação íntima com o mundo que Deus criou. Ora, aquele que ama não se engrandece por sua posição ou dignidade, mas por causa da pessoa amada é capaz de descer até aos lugares mais baixos para lhe encontrar[81].

Assim sendo, a própria figura dignatária do grande ministro de Deus, nos ensina sobre a verdadeira adoração ao Senhor. A adoração possui o aspecto contemplativo, isto é, de se elevar a Deus com todo o ser. Todavia a mesma adoração que nos eleva a Deus nos puxa para baixo em direção aos nossos irmãos e próximos a nós. Isso porque o amor de Deus nos torna um dom para os outros.

---

81 Cfr. S. Bulgakov, *La Scala di Giacobbe*, 80

Aprendemos com este texto que, apesar dos inimigos da nossa alma tentarem contra a nossa vida, a maioria que permaneceu fiel a Deus estará a nosso favor para poder interceder e nos conduzir ao lugar onde Deus habita. Aquele lugar secreto, escondido, de intimidade. O mesmo lugar onde habita o Príncipe dos Anjos.

Miguel, sendo grande entre os anjos, também é grande e alto em sua dignidade em relação a nós. Todavia o que nos impressiona é sua humildade e amor. Ele vive na prática o que Jesus nos ensina a respeito do conceito de grandeza entre os que fazem parte de seu reino:

> *"...Quem quiser ser grande seja vosso servo; e quem quiser ser o primeiro seja o escravo de todos".* (Mc 10, 32-45).

Como é maravilhoso tudo isso não é mesmo? São Miguel não se envergonha de ser servo, como o fez Lúcifer. Ele, ao contrário, encontrou a felicidade verdadeira, que consiste em servir a Cristo no próximo, amando e se consumindo para que o outro possa ser o que Deus sonhou. Por isso, ele se levantará e lutará contra todos aqueles que tentarem contra a tua vida, porque ele decidiu te amar.

Veja a diferença entre Miguel e Satanás. O príncipe das trevas anseia em seu coração subir e se apossar do trono de Deus. Já Miguel se compraz em se prostrar aos pés do Senhor, em seu trono, e, em seguida, desce para conduzir as almas dos justos ao Paraíso e proteger você que lê este livro. A sua grandeza não reside em sua posição entre os anjos, mas em sua capacidade de amar!

Sumo sacerdote entre os anjos

Outro título a qual a tradição atribuía a Miguel é a de sumo sacerdote. Todavia não podemos entender este sacerdócio como os do Antigo Testamento e nem mesmo a realidade do sacramento da ordem. Porém, quando nas Sagradas Escrituras se fala sobre o templo de Jerusalém, se acredita que o edifício físico levantado no monte Moriá, é copia do templo no Céu. Existe assim como existe a Jerusalém celeste, também a cidade santa espiritual onde habita o Cordeiro e onde se encontra o Trono de Deus.

Uma das visões mais conhecidas a respeito desse templo celeste, se encontra no livro de Ezequiel, onde o profeta é levado por um Anjo, para o liminar do templo do Senhor nas esferas celestes. Ali ele contempla as portas, todo o edifício e o trono do Altíssimo que dele sai um rio que dá vida a tudo que existe (Ez 47, 1-2.8-9.12).

Para a tradição judaica, de um modo específico no tratado da *Chagigah* (oferta festiva), em que se trata sobre as ofertas para as grandes festas da Páscoa do *Shvuot* e *Sucot*, enquanto na Terra, os israelitas apresentam ofertas ao Altíssimo, Miguel por sua vez apresenta no Céu, diante de Deus, as ofertas e orações de Israel. Ele faz um "sacrifício" sobre o altar.

Veja o que diz o Talmude:

> *"Zevul , morada, é a localização da Jerusalém celestial e do Templo celestial ali o altar celestial é construído, e o anjo Miguel, o grande ministro, está de pé e sacrifica uma oferenda sobre ela"* [82].

Esta tradição de que um anjo oferta a Deus não é estranha à doutrina cristã. No livro do Apocalipse João, um anjo com um turíbulo de incenso oferta diante do altar de Deus as orações dos santos (Ap 8, 5). Este altar do incenso no qual o Arcanjo apresenta diante de Deus as orações, nos remete ao pai do profeta João Batista que, sendo sacerdote da classe de Abias, é sorteado para oferecer o incenso no altar que ficava diante do Santo dos Santos (Lc 1, 5-12).

Ora, talvez você possa se perguntar como seria este sacrifício. Temos de entender que no Céu não entram animais e nem mesmo existe sacrifícios incruentos de bois e ofertas votivas como se tinham no templo de Jerusalém. O sacrifício aqui são as orações de súplica e louvor que Miguel exerce. O conceito de sacrifício de louvor se encontra em vários textos bíblicos, mas um especial me chama a atenção:

> *"Porque é amor que eu quero e não sacrifício, conhecimento de Deus mais do que holocaustos"* (Os 6, 6).

É o amor de Miguel, sua misericórdia e compaixão para conosco, que faz que seu louvor suba como um sacrifício agradável a Deus. O nome de sumo sacerdote atribuindo a ele tem como objetivo

---

[82] TALMUDE BAVLI, *Chagigah*, 12b.

nos apresentar que, entre todas as orações que os anjos de Deus ministram diante do Trono da Graça, as ofertas apresentadas pelo Príncipe Celeste é maior que dos os outros[83].

Para nós, católicos, como já expliquei, existe um único sacerdote, mediador entre Deus e os homens, que é o próprio Cristo. Todavia, sendo que os anjos e os santos vivem em Deus e, por sua vez, em Cristo, estes participam deste sacerdócio enquanto aqueles oram e intercedem a Deus por intermédio de Cristo.

---

[83] Cfr. THE JEWISH ENCICLOPEDIA, 538; Cfr. CORNELIO A LAPIDE, *Commentaria in apocalypsin S. Ioannes*, 18-22.

É por isso que nas iconografias antigas Miguel aparece vestido com roupas sacerdotais, e carrega em si o cinto da verdade onde se torna digno de apresentar as orações do povo. Ele que intercedeu pelo sumo sacerdote Josué para que recebesse roupas novas, agora intercede também por ti, para que lhe seja dado acesso diante dos eleitos no Céu. Veja o ícone na página anterior em que o Arcanjo é representado com vestes sacerdotais.

Um Serafim Adorador e abrasado de amor por Deus

Até aqui entendemos que o lugar que ocupa o nosso irmão celestial entre os anjos é o primeiro. Ele não somente é um deles e exerce seu ministério em profunda reverência e humildade, mas também é seu chefe, governante e Príncipe. Por sua vez mesmo sendo de uma dignidade tão alta, Miguel, o primeiro dos sete arcanjos, mede esforços para apresentar nossas orações e súplicas diante de Deus e de nos acompanhar em amor durante nossa vida.

Apesar de chamar a atenção a limitação da hierarquia celeste de Dionísio, não podemos dizer que o esforço do venerado padre da Igreja tenha sido em vão. Ao contrário, este nos teve a coragem de ser o primeiro angelólogo que sistematizou a doutrina a respeito dos nossos irmãos do Céu. Se temos a hierarquia cristã a respeito dos anjos, também terá os judeus medievais, como Maimônides, que por mais que nos explique a respeito destas hierarquias, também ele demonstrará a limitação em descrever tão grande mistério.

Agora, tanto a tradição cristã como a judaica, entende que os primeiros entre os anjos se chamam Serafins. O primeiro coro, portanto, são os que estão mais próximos de Deus e que ardem de amor e adoração a Ele. Possuem uma intimidade única e suas essências não se afastam do trono do Senhor adorando-O dia e noite.

Então, se Miguel é o grande Príncipe, em qual coro dos anjos ele está? Para os antigos Rabinos[84] e para muitos padres e teólogos da Igreja, Miguel é um Serafim.

O nome Serafim aparece a primeira vez no livro de Isaías que diz:

> *"Vi o Senhor sentado sobre um trono alto e elevado. A cauda da sua veste enchia o santuário. Acima dele, em pé, estavam serafins, cada um com seis asas: com duas cobriam a face, com duas cobriam os pés e com duas voavam. Eles clamavam uns para os outros e diziam: 'Santo, santo, santo é Senhor dos Exércitos, a sua glória enche toda a terra'"* (Is 6, 6).

Em sua visão o profeta vê os Serafins que adoram a Deus e cantam em sua presença. Eles permanecem junto ao trono e seu louvor declara a santidade de Deus. O que Isaías vê nesta visão é a liturgia de adoração e o modo em como estes primeiros anjos se

---

84 Cfr. Berakhot, 4B, 23.

relacionam com Deus. Eles olham um para o outro e declaram três vezes quem Deus é. Já aqui vemos uma ligação com Miguel, que carrega em seu nome o brado de louvor e de vitória: Quem é como Deus?

Um outro detalhe no texto que pode passar despercebido é a palavra "exércitos", que em hebraico é צָבָא (Tsâbâ), que coliga com a própria aparição do Anjo a Josué, ao lhe responder que é o chefe dos exércitos do Senhor e acaba de chegar para lhe auxiliar na batalha (Js 5, 15).

Ora, o exército não é de Miguel, mas do Senhor. Ao mesmo tempo, aqui, encontramos mais uma vez a prova que não se está falando especificamente dos anjos da Milícia Celeste, mas de todos os anjos. Muito bem, os Serafins aqui estão louvando a Deus pela sua glória imensa, que se manifesta entre os anjos no templo, no Céu, e, ao mesmo tempo, na Terra entre os homens.

Logo em seguida, do meio do coro daqueles Serafins, um singularmente vem em direção de Isaías. Veja o que diz o texto:

> *"Nisto, um dos serafins voou para junto de mim, trazendo na mão uma brasa que havia tirado do altar com um tenaz. Com ela tocou-me os lábios e disse: 'Vê, isto tocou os teus lábios, a tua iniquidade está removida, o teu pecado está perdoado'."* (Is 6, 7).

Esse Serafim, que parece presidir os outros, se aproxima de Isaías e lhe toca a boca com uma brasa ardente, intercedendo pelo seu pecado e conseguimento de seu perdão diante de Deus. No tratado da *mishiná*, o Rabino Eleazar Bar Avina, ao falar da precedência que Miguel tem em relação a Gabriel nos diz:

> *"O que foi dito sobre o anjo Miguel é maior do que o que foi dito sobre o anjo Gabriel. Quanto a Miguel, está escrito: 'E um dos serafins voou para mim'* [85]*".*

Ainda comentando o texto, a tradição oral judaica reafirmará que Miguel é um Serafim:

> *"Como o versículo de Daniel se refere a Miguel como 'um', que o midrash agádico interpreta como 'o único', também 'um dos serafins' descritos em Isaías também deve se referir ao único, Miguel"*[86].

A tradição em entender o Arcanjo Miguel como um Serafim apaixonado por Deus, foi absorvida também pela nossa tradição cristã. Miguel é aquele que garante a unicidade de Deus e, ao mesmo tempo, defende a sua glória e majestade[87]. Esta unidade que rege a vida angélica e a nossa vida, que nos coloca em comunhão com o Senhor e com as demais criaturas racionais.

Ele aqui não é entendido somente como um dos Serafins, mas o primeiro entre os Serafins, logo nos remetendo a todos os outros títulos que já vimos anteriormente, seja de primeiro entre os príncipes e como o maior entre os anjos. O grande teólogo jesuí-

---

85 BERAKHOT, 4B, 23.
86 KOREN, TALMUD BAVLI, *Berakhot,* 4B,25
87 Cfr. JOÃO PAULO II, *L'osservatore Romano*, Edição semanal em português, n. 21 (913), de 31 de maio de 1987, p. 4, (284).

ta Cornélio a Lápide, chama São Miguel de primeiro entre os sete Serafins, deixando claro que os arcanjos pertencem a este coro celeste[88].

Não é de se estranhar tal afirmação uma vez que o nome Serafim vem de fogo, vem de abrasado. Assim sendo, podemos identificar estas pistas a respeito dos arcanjos, quando a própria Escritura nos revela a presença de Miguel na sarça ardente, na coluna de fogo que ia a frente de Israel no meio do mar. Quando o Arcanjo Rafael se revela à família de Tobias este diz:

> *"Eu sou Rafael, um dos sete que assistimos na presença do Senhor"* (Tb 12, 15).

Este número sete, que depois a tradição entendeu ser os arcanjos, aparecerão no último livro da Bíblia cristã, na visão do apocalipse:

> *"Do trono saiam relâmpagos e vozes e trovões, e diante do trono ardiam sete lâmpadas de fogo: São os sete espíritos de Deus"* (Ap 4, 5).

Estes sete espíritos de fogo que queimam como lâmpadas acesas diante do Senhor, nos lembram a *menorah* que se tinha diante do Santo dos Santos no templo. Estes são os nossos irmãos Príncipes Serafins, que são abrasados pelo fogo do Senhor e que possuem como primeiro entre eles o maravilhoso Miguel[89].

---

88 Cfr. CORNELIO A LAPIDE, *Commentaria in apocalypsin S. Ioannes*,18-22.
89 Cfr. BIBLIA DE JERUSALÉM, *Comentário Nota de Rodapé*, k, p. 2146.

Este fogo é o amor de Deus. A missão dos serafins será aquela de nos abrasar e fazer nossa alma arder de desejo por Deus.

Neste sentido, é interessante ver o ensinamento de São Boaventura, chamado de "Doutor seráfico", a respeito da missão de São Miguel em nossas vidas.

Segundo o santo franciscano, a missão de Miguel é aquela de conduzir-nos a amar a Deus assim como ele ama. Fazendo dele o nosso Sumo Bem e única fonte de nossa felicidade. Miguel também nos joga no fogo do amor de Deus que ele mesmo é imerso. Ele, no caminho em nos conduzir a Jesus, nos ensina os benefícios de ter o coração aceso e queimando de amor para com o Senhor[90].

Ainda nesta linha exegética em que se entende Miguel como um Serafim, existe uma antiga ladainha do Arcanjo que o invoca assim:

> "São Miguel, Príncipe dos Serafins, rogai por nós.
> São Miguel, Sol esplêndido de amor, rogai por nós
> São Miguel, primeira chama do ardentíssimo zelo, rogai por nós,
> São Miguel, ministro da divina Clemência de Deus, rogai por nós."[91]

Dentro desta reflexão podemos nos perguntar se, ainda, podemos chamar São Miguel de Arcanjo. Lhe digo que sim, este é o seu nome ao qual ele ama

---

[90] Cfr, BARBARA FAES, *In his est tota civitas illa e le vie degli angeli*, 14-15; Cfr. BOAVENTURA. *Serm. diversis*, sermo 55 e 61, n. 5 (OSB XII/2, 361-390.

[91] MARCELLO STANZIONE, *I papi e gli Angeli*, 227.

ser chamado. Sua grandeza enquanto o primeiro entre os Espíritos celestes, lhe faz ser o servo de seus irmãos e nosso. Ele sempre será o nosso Arcanjo Amado. Quando as lágrimas escorrerem pelos teus olhos diante do sofrimento da vida, ele descerá do alto e se sentará contigo no chão do teu quarto, rezará, intercederá por ti e te ensinará o segredo de ser todo de Deus.

Que o amor que abrasa Miguel e seus irmãos arcanjos possa inflamar teu coração e te fazer ainda mais amante do Coração de Jesus e adorador de fogo. Que estas páginas te levem aquele lugar onde as almas dos justos se deleitam a cantar e proclamar que o Senhor é Santo e que não há outro como Ele, nem lá em cima no Céu, entre os anjos, e, tampouco, aqui embaixo, na Terra.

Quem Como Deus? Ninguém Como Deus.

CONCLUSÃO

MIGUEL E VOCÊ

Ao fim desta leitura creio que o nosso coração se enriqueceu. Aprendemos que tudo nasce do Amor imenso de Deus para os anjos e para conosco. Eles e nós fomos chamados a entrar em Sua presença. Depois da queda dos anjos e da expulsão de nossos primeiros pais, Deus não desistiu de você. A batalha que aconteceu no Paraíso, antes da fundação do mundo, foi uma guerra espiritual, que não se usou armas carnais, mas as de Deus.

Com São Miguel aprendemos que na luta devemos nos prostrar e adorar Aquele que é. Na tentação, diante das más notícias, nosso coração deve estar confiante, porque quem luta e vence nossas guerras é o Senhor. São Miguel deseja nos ensinar a amar a Deus de todo o nosso coração, devotando a Ele toda honra e toda a Glória.

Que a amizade com o Príncipe dos Anjos te leve às escadarias da sala do Trono e que em teu coração possa arder a chama do Espírito Santo, que habita os anjos e que dá sentido à nossa existência.

Miguel deseja ser teu amigo e companheiro de viagem. Ele deseja te ensinar a amar a Jesus como ele ama e venerar a Sua Mãe Santíssima, a Bem-Aventurada Virgem Maria.

Ao fim desta nossa peregrinação terrestre, junto com nosso Anjo da Guarda, entraremos na presença do Amado da nossa Alma e n'Ele encontraremos a nossa felicidade para sempre!

Rumo ao Secreto da lareira da Eternidade!

São Miguel, rogai por nós.

BIBLIOGRAFIA

A. MELQUIADES, Introdução a, SAN GREGÓRIO MAGNO, *Obras*, BAC, Madrid, 2009.

AGOSTINHO, *Confissões*, Paulus, São Paulo, 1997.

ANGELA DA FOLIGNO, *Experiência de Dios Amor*, Missiones franciscanas Conventuales, Condor-Argentina, 2016.

ARISTÓTELES, *Ética a Nicomaco*, Edipro, São Paulo, 2014.

APOCALIPSE DA VIRGEM, *Transito Colbertiano dal Cod. di Parigi* lat. 2672, 3, 7-12.

AUERBACH, E., *Mimesis- A cicatriz de Ulisses*, Editora Perpectiva, São Paulo,1998.

BASÍLIO MAGNO, *Liber de Spiritu Sancto* 15, 36: SC 17bis. 370 (PG 32, 132).

BOAVENTURA, *Itinerarium mentis in Deum*, Rizzoli, Milano, 1994.

BOAVENTURA. *Serm. diversis*, sermo 61, n. 5 (OSB XII/2, 388-390.

BULGAKOV, S., *La Scala do Giacobbe*, Lipa, Roma, 2005.

CATECISMO DA IGREJA CATÓLICA, Loyola, São Paulo, 2002.

CLEMENTE DE ALEXANDRIA em *Os Estromas das Miscelâneas, nos Padres Pré-Nicenos*, Vol. 1.

CLEMENTE ROMANO, *Epístola Aos Coríntios*, Em: *Padres Apostolicos*, Paulus, São Paulo, 1997.

COMPÊNDIO DO CATECISMO DA IGREJA CATÓLICA, Gráfica de Coimbra, Coimbra, 2005.

CONCÍLIO DO VATICANO II, *Const. past. Gaudium et Spes,*Paulus, São Paulo, 1998.

D.M., STANZIONE, *Il coro angelico dei Troni*, Santi e Beati [Acesso: 14/04/21], http://www.santiebeati.it/dettaglio/97736.

DENZINGER, HEINRICH. HÜNERMANN, PETER (Org). *Compêndio dos símbolos, definições e declarações de fé e moral*. Tradução de José Marino e Johan Konings. São Paulo: Edições Loyola: Paulinas, 2007.

DICIONÁRIO DE FIGURAS E SÍMBOLOS BÍBLICOS, Paulus, São Paulo, 2006.

FAUSTINA KOWALSKA, *Diario*, Congregação dos Padres Marianos, Curitiba, 2007.

G.L. MULLER, *Dogmática Católica- teoria e pratica da teologia*, Vozes, Petrópolis, 2015.

GIOVANNI PAULO II, *Udienza Generale*, Quarta Feira, 9 de Julho, 1986.

GREGÓRIO MAGNO, *Obras*, BAC, Madrid, 2009.

Ildegarda di Bingen, *Liber vitae meritorum*, Mimesis, Milano, 1998.

Inácio de Antioquia, *Carta aos Tralianos*, Em: *Padres Apostolicos*, Paulus, São Paulo, 1997.

J. Ameal, *São Tomás de Aquino; Porto*, Livraria Tavares Martins, 1956.

J.R.R Tolkien, *O Silmarillion*, WMF Martins Fontes, São Paulo, 2001.

___, *Albero e Foglia*, Rusconi, Milano, 1976.

___, *Il Signore degli Anelli*, Rusconi, Milano, 1993.

___, *Lettere 1914 / 1973*, Bompiani, Milano, 2018.

Julien Ries. *L'uomo e il sacro nella storia dell'umanità*, Jaca Book, Milano, 2007.

V. Lossky, *La Teologia Mistica della Chiesa d'Oriente*, EDB, Bologna, 2013.

Orígenes, *Sobre os Princípios*, Paulus, São Paulo, 2014.

Pseudo-Dionísio, *Hierarchia celeste*, Ecclesiae, São Paulo, 2019.

PIRKE DE RABBI ELIEZER, trans. Rabbi Gerald Friedlander, London, 1916.

R.C., Colin, *Le mythe de Prométhée et les figures paternelles idéalisées*, Topique, Paris, 2003.

Suarez Francisco, *Opera Omnia*, Vol I, I-X, Nabu Press, 2012.

Sant'Antonio di Padova, *I Sermoni*, Edizioni Messaggero, Padova, 1995.

Tomás de Aquino, *Summa Theologica II*, Paulus São Paulo, 2001.

____, *De Viritate*, Bompiani, Bologna, 2005.

____, *Super Evangelium S. Matthaei*, 18,10, Marietti, Roma, 1951.

____, *Catena Aurea* v. 1, Eccesiae, 2018.

LIVROS DA TRILOGIA

O SEGREDO DOS ANJOS

*Descubra a essência da profunda
comunhão e obediência a Deus.*

Sinopse: Os anjos existem e querem se relacionar com você. Eles foram enviados por Deus e fazem parte do mundo invisível. Este livro foi pensado para todos aqueles que desejam conhecer melhor sobre esses nossos irmãos. Você sabia que existem mais anjos bons e fiéis a Deus do que demônios? A tradição da Igreja, os padres e o magistério nos dão esta certeza. Este é o primeiro livro da nossa trilogia sobre os anjos que nos traz o segredo sobre a primeira hierarquia celeste, que são os Serafins, Querubins e Tronos. Que Deus te conduza à verdadeira intimidade, à adoração a Deus.

Formato: 14cm X 21cm

Número de Páginas: 210

O MISTÉRIO DO ANJO DA GUARDA

Um companheiro para toda a vida

Sinopse: A presente obra, tem como objetivo introduzir você no conhecimento e amizade com o seu poderoso Anjo Guardião. À luz da teologia e tradição milenar da Igreja, você conhecerá os mistérios escondidos a respeito deste ser maravilhoso, criado por Deus e enviado para que te guarde em todos os teus caminhos.

Formato: 14cm X 21cm

Número de Páginas: 192

ANGELVS
EDITORA

www.angeluseditora.com

Este livro foi impresso pela Gráfica Loyola